2020年、オリックス・バファローズは革新される。

いかなる困難に直面しても、気高き誇りを胸に、真正面から立ち向かう。

そうして我々は、昭和、平成の時代に、栄光をつかみとってきた。

迎えた令和の新時代に、何をすべきか。

目指すは1996年以来のリーグ優勝、そして日本一。

今こそ、変わる。頂点を目指す。

ORIX BUFFALOES THE PERFECT GUIDE 2020

CONTENTS

INTERVIEW

SPECIAL FEATURE

【特別付録】
2020 ORIX BUFFALOES OFFICIAL MAGAZINE
Bs TIME VOL.00 PLAYER LIST2020

INTERVIEW

西村 徳文 監督

NISHIMURA NORIFUMI

ORIX BUFFALOES 2020

チームの浮上は個々の変化にあり!

求めるものは"変革"———。
"変わること"こそ、最下位からの脱出、浮上を目指す
チームに必要なものと指揮官は言い切った。
1年目は意のままにならない、ジレンマを抱えながら我慢
の采配。それでも、乾坤一擲の思いで登用した若手の
成長と可能性を見いだせた収穫は大きい。
チームとしての若さは、伸びシロという大いなる期待
と、脆弱さという不安を示すもので、まさに両刃の剣。
成長途上のチームを前へ、上へと進化させることが、
指揮官にとっての最大のミッションだ。
"超革新系"というスローガンの遂行、達成の先にチーム
としての結実が見えてくるはず。「変わらないとダメ!」
と、今季もバファローズの舵を取る指揮官が、勝負の
2年目を前にして決意を口にした。

取材・構成／大前一樹

西村イズムの浸透を図った1年目

——今季は最下位からの巻き返しを図る1年となります。

「昨季はファンのみなさまのご期待に添うことができなかったことが、本当に悔やまれます。ただ、そんなシーズンからは反省点、課題がはっきりと見えてきましたし、今季につながる手応えがなかったわけではありません」

——若い選手の登用で、ある程度の種はまけたように思うのですが。

「そうですね。誰をどう起用すれば良いかを見極めるシーズンでもあったと思います。その意味では、プラスに捉えている点もあります。ただ、彼ら若い選手が昨年の結果をどう捉え、いかに上を目指せるかという点では、今季が本当の勝負なんですね。このオフをどう過ごしてきたかが問題。それぞれの自覚をしっかりと示してほしいんです」

——昨季のオフは、ウィンターリーグで野球漬けの日々を過ごした選手も多かったですね。

「ええ、成果を持ち帰ってきた若手には期待しています。それから、ベテランといってもいいT-岡田にも注目しています。違った環境に身を置いて、今一度自分の野球スタイルを見つめ直した時間は貴重です。昨季の悔しさを晴らしてほしいですね。もともと、力もあり実績を持つ選手ですからね」

——さて、昨季は機動力という西村イズムも垣間見えたシーズンでしたが……。

「確かに、盗塁数は増えました（18年97個、19年122個）。ただ、昨年の打線で点を取るためには、走って次の塁を狙うしか方策がなかった。打線がつながらない現実から生まれた"窮余の策"でした。もちろん、盗塁の数が多いに越したことはないのですが……」

——それに盗塁成功率も……。

「その通りです。盗塁の絶対数はもとより、その成功率をまだまだ上げていかないといけません。最低でも75%の成功率（19年は68%）はほしい。4回の企図で3回の成功。そこを最低ラインにおかないといけない。ただ、昨年は多くの試みを仕掛けるなかで、感じたものもあるはずですから」

——そして問題なのは、盗塁数が得点とリンクしなかったことですね。

「そこなんです。盗塁成功率はともかく、数が増えたことで、走者は確実に得点圏に進めたわけです。そこからのあと1本。個々の選手がチャンスをチャンスだと捉えているのか。"おいしい場面"を楽しむくらいでなきゃ（笑）。チャンスをいかに得点に結びつけるか？攻撃面での課題ははっきりしています」

激化する競争

——今年は新たにメジャーで実績のある、アダム・ジョーンズ選手がチームに加わりました。

ジョーンズ選手の加入がもたらす効果を見るのが楽しみです。

「僕も楽しみですよ。2月1日のキャンプインから精力的に動いてくれていますし、日本流に順応しようという姿勢も素晴らしい。メジャーリーガーとしてあれだけの実績を持つ選手なのに、特別扱いを要求しません。だから、彼の野球に対する姿勢がチームにもたらすプラスの効果はとても大きいですよ」

——他の外国人選手に与える影響も大きいですか？

「そうですね。ジョーンズが手を抜きませんからね。実際、モヤの仕上がりも早いですし、ロドリゲスも、ジョーンズと横並びのバッティング練習で快音を響かせています」

——今季は昨季とはまた違ったオーダー、布陣となりそうですが、これまでにない競争が繰り広げられているように感じます。

「まずは、サード。昨季は固定できなかったポジションです。候補はたくさんいますよ（笑）。ただ、競争のレベルが高い。外国人やルーキーもこの競争に加わってきますし、宗（佑磨）や中川（圭太）、白崎（浩之）、西野（真弘）らもいます。名前がどんどん挙がってきます。次に外野。ジョーンズと（吉田）正尚が両翼に入れば、あとは真ん中だけ。ここに誰が入ってくるか。候補はたくさんいますよ」

——昨季、最後まで決まらなかったのがサードとセンターでしたね。

「そうですね。そこが、今季もまだ決まっていません。ただ、昨季と違うところはここに激しい競争が生じているということです。他にも、キャッチャーやファースト争いもあります。ポジションを巡る競争は、レギュラーの確約がない選手が多いことを意味するわけで、マイナスのイメージもあるかもしれませんが、多くの候補が挙がることは、層の厚さを示すわけで、今年の競争は、間違いなくチーム力の向上につながると思っています」

——投手陣については、先発ローテ候補はある程度見えてきているのではないでしょうか？

「山岡（泰輔）と（山本）由伸、このふたりは軸ですね。先発ローテーションの両輪です。ここに左腕の田嶋（大樹）が加わればと考えています。田嶋はここ2年、故障もあり悔しい思いをしたはずです。今季は状態も良さそうですし、先発陣の柱になってくれるものと期待しています。この他、K-鈴木、榊原（翼）、荒西（祐大）、張（奕）らも有力な先発候補です」

——昨季、苦しんだのはブルペンでしたね。

「7回以降のパターンを確立しないといけませんね。昨季は終盤での失点が目立っただけに、ここを改善しないと。相手に、『試合は6回まで！』と思わせるような勝利の方程式が理想です。クローザーからの逆算で、誰をそれぞれのイニングに当てはめるか。ここが重要なんですね。ここも候補が多い。競争です」

——次に打順。ラインナップですが、中軸は何となく見えてきますか？

INTERVIEW

NISHIMURA NORIFUMI
ORIX BUFFALOES 2020

「正尚、ジョーンズが中心になることは間違いないです。ここにモヤ、ロドリゲス、T-岡田をどう絡めていくか。外国人の場合は、枠の問題がありますから、やや流動的なのですが。ただ、最初に名前を挙げたふたりに関しては、ある程度のアベレージも期待できますし、そこに長打力のある選手が続いていけば、昨季とは違った"重量打線"が組めますよね。下位の8、9番も構想はあるので、あとは1、2番ですよ」

——ここ数年、その1、2番がなかなか固定できていませんね。

「中軸に確率の高い選手、あるいは長打力のある選手がいるわけですから、その前の打順です。これら打順に求められるのは、機動力はもちろんのこと、出塁率なんです。特に、リードオフマンには、4割の出塁率を求めたい。強いチームは、やはり1、2番がしっかりしています。競争のなかで、打順を勝ち取ってほしいです。もちろん、ある程度の心づもりはあります（笑）」

——昨季は、オーダーもやりくりの連続でした。

「そうですね。僕の理想としては、ある程度固定されたラインナップなんですがね」

勝つために変わる！

——さて、上位を目指していくシーズンが始まります。

「僕が選手たちに求めることは、"変化"です。変わらないことには、進歩が見込めませんので。昨年、最下位だったチームが同じことをやっていては、上がり目は期待できません。チームが変わるためには、個々の選手が変わっていくしかない。そんな意識を共有することが必要なんだと考えます」

——手応えはいかがでしょうか？

「確実に変わろうとする意識は芽生えています。そうでないと、この世界では生きていけない。そのことを、選手たちが意識し始めているのは確か

です。昨年、僕はこのチームに種をまきました。監督である僕の次の仕事は、まいた種をしっかり成長させること。花を咲かせ、実を生らせることです。そのために、水や養分を与えながらも、ときには、葉や枝を切るという厳しい姿勢を打ち出すことだってある。選手たちには、そこをしっかり生き抜いてほしいと期待しています。若いチームにとって、変わろうとする行為は成長へ向かう大いなる挑戦だと考えます。ファンのみなさまには、その成長過程を変化のプロセスをしっかり見ていただきたいですね」

——新しい西村バファローズ、楽しみです。

「今年こそは、の思いでチームが一枚岩となって戦っていきます。どうか、これまで以上のご声援を、このオリックス・バファローズにお送りいただきますよう、よろしくお願いします！」

——超革新系ですね。

「スローガン通り変わりますよ。楽しみにしていてください！」

最下位だったチームが同じことを
やっていては上がり目は期待できない。
チームが変わるためには、
個々の選手が変わっていくしかない。

9

18
山本 由伸
YAMAMOTO YOSHINOBU

CROSS TALK
バファローズが誇る若き2枚看板

エースナンバーを背に"勝てる投手"に

19
山岡 泰輔
YAMAOKA TAISUKE

壮観———。

「19」と「18」の背番号が並んだときの、正直な感想である。

昨季のタイトルホルダーふたりが、背負う番号を同時に変えた。

いずれも野球界で"エースナンバー"とされる番号だ。それらが意味するものは、プライドと責任。

ふたりが相応の強いメンタルと技術を有するからこそその背番号。

根拠のない覚悟は単なる無謀にすぎないが、彼らのそれは実績と自信に裏打ちされたものだ。

昨秋の世界野球プレミア12では侍ジャパンのメンバーとして日の丸を背に戦ったふたりが、

今季もバファローズの投手陣の先頭に立つ。彼らの若さも大いなる魅力。

ふたりの対談から見えてきたもの、

それは、各々がお互いを認め合うリスペクトの対象になり得ているということ。

2020年のシーズンを控え、チームの両輪が今季への思いを口にした。

取材・構成／大前一樹

不安を払拭できた
2019年の初先発

──山岡投手、山本投手ともに背番号が新しくなりましたね。

山岡 19番はずっと欲しかった番号だったので。1年待って、やっといただけました。

山本 かっこいいなぁ、本当に（笑）。18番もいいでしょ。

山岡 まぁ、（18番は）19番の次にいい番号ね（笑）！

山本 マモさん（岸田護コーチの愛称、昨季まで18番を背負っていた）に、言いつけようかなぁ（笑）。でも、新しい番号をいただいて、また気持ちも新たに頑張ろうって気になりますね。

山岡 その通り！

──ふたりとも昨季はタイトルを獲得されました！山岡投手は最高勝率でした。

山岡 タイトルを取れたのはうれしかったのですが、正直、昨年はチームに助けてもらったという気持ちが強いですね。だから、今年は自分がチームを助けようという思いが強い。もちろん、周りに助けてもらいながらですが。今季は防御率をもっと良くしたいですね。

──山本投手は最優秀防御率、しかも規定投球回到達者では、12球団唯一の1点台！

山本 ありがとうございます。昨季は、初めて開幕からローテーションに入れていただいて、とにかく集中して必死に投げていました。自分が思っていた以上の数字が残せたと思います。

──先発への不安はなかったのでしょうか？

山本 キャンプから先発を想定して調整はしていましたが、正直、不安がなかったわけではありません。初先発の試合で無事に投げられて、やっと不安は払拭されました。

──山岡投手は山本投手の先発転向を、どのように見られていましたか？

山岡 セットアッパーのときから、由伸は素晴らしいボールを投げていましたから、「先発すればいいのに、先発の由伸を見てみたい」という気持ちはありましたね。昨季は、一緒にローテーションで投げていて、心強かったですよ。

山本 ありがとうございます（笑）。シーズンを通して、ずっと調子がいいわけでもなくて、状態が悪いときもある。そんなときに、山岡さんと僕がお互いをカバーしあえればいいですね。

エースに与えられる
最高の舞台が開幕戦！

──山岡投手は今季も開幕を狙っている？

山岡 昨季を終えたときから、今季の開幕投手を目指してやっているのは事実です。昨年、開幕で勝てなかったからなおさら、もう一度、"あの場所"

に戻りたい、あのマウンドに立ちたいという気持ちは強いですね。

──相当の緊張感があったのでは？

山岡 いや、緊張するというより楽しめたというのが本当のところでした。単なる143分の1ではない、あの試合に投げられるのは本当に光栄なこと。でも、そのマウンドをもう一度楽しんで、そして勝ちたいんです。

山本 山岡さんは開幕という、あの張り詰めた空気の中でも堂々としていて。どんな場面でも自分をしっかり出せるというところがすごい！まったくブレない気持ちの強さがある。

山岡 まぁね（笑）。ただ、昨年の開幕戦では、一瞬の気の緩みというか、本当に1球に泣く結果になってしまった。1球の重みを改めて思い知らされた試合でした。それだからこそ、もう一度開幕戦で投げたい。そして勝ちたい。

山本 1球の重みは、僕も感じました。終盤のたった1球で、それまでの投球がすべて無になることだってことを痛感しました。

──山本投手の開幕への思いは？

山本 開幕戦はチームのエースに与えられる最高の舞台。まずは、信頼されるところからですね。

山岡 由伸だって、十分そこは狙えるはず。これからも、そのポジションをふたりで争っていけばいいと思いますね。

球種が増えれば
投球の幅が広がる

——ふたりがお互いを認め合い、高め合おうという思いは伝わってきます。山本投手は山岡投手をどのようにご覧になっているのでしょうか?

山本 とにかくブレない(笑)。自分というものをしっかり持っていて、それをしっかり表現できている。まさにプロフェッショナル(笑)。

山岡 自分がやることを邪魔されたくないって思いが強い。自分ができることをしっかり見せたいから。野球に関しては、常にそう考えています。

山本 そこです! とにかく、気持ちが強い!

山岡 自分で強いと思うことはないですが(笑)。

——山岡投手は山本投手を、どう見られていますか?

山岡 由伸と僕は同期入団なのですが、1年目から「いい球を投げるなぁ」と感じていました。ただ、由伸のすごいところは、毎年確実にレベルアップしていくところ。あんなに、はっきりと成長の跡が見える選手ってそうはいない。それに、毎年、新たなことにチャレンジする姿もすごいですよ。自分のやるべきことをしっかりと理解して行動に移せる投手ですね。

山本 (ひたすら頷く)

山岡 由伸が持っているポテンシャルがすごいのはもう誰もが知るところですが、何よりも素晴らしいのは"野球好き"であること(笑)。その度合いが半端ない。常に、野球のことを考えている。由伸ってそんなヤツです。

山本 その通り! 間違いないです(笑)。なんか、山岡さんに褒められるとうれしいなぁ。

——ふたりの仲の良さが伝わってきます。

山岡 そうですね。何か、気が付いたら一緒にいる、って感じです(笑)。ごく自然に。

山岡 確かに。一緒にいること多いかも……。

——さて、先ほど、新たなものへのチャレンジという話がでましたが、そのなかには、新しい球種への取り組みがありますね。

山岡 球種は多いほど、自分の投球の引き出しが増えるわけで、取り入れられるものがあるのであれば、吸収したいと思いますね。球種が増えれば、ピッチングの組み立て方も幅が広がって、より楽しくなる。由伸なんかは、その点、器用なので!

山本 はい、器用です(笑)。そんな僕にでも、どうしても投げられないボールはあります。投げられるボールを投げているだけで……。ただ、球種が多いということは、自分の余裕につながるのは確かです。たまたま、いただいたアドバイスがうまくハマって、たまたまいい球が投げられる。球種が増えるというのは、たまたまの連鎖でもありますね。

山岡 そうそう、たまたまってある。そして、そんな、たまたまが実は大切なんだって。実際に由伸に聞くことだってあるわけで。ボールを投げるというのは、感覚的なものが多くを占めるっていうか……。人には、いろいろな伝え方があるし、その伝え方によっては、響くものもあれば、そうでないものもある。新しいボールを覚えたり、あるいは人に伝えるという点においては、その感覚がとても重要になる。由伸の場合は、今、覚えようとしているチェンジアップも、感覚的に合ったからだよな。

山本 そうですね。昨秋の侍ジャパンで一緒にプレーした今永(昇太・横浜DeNA)さんに教わったチェンジアップが自分の感覚にぴったりと合ったというか。しっくりきたんです。

山岡 最終的に言わんとするところは同じであったとしても、人それぞれ伝え方は違ってくる。その感覚が新しい球を覚えるという点では大きなウエイトを占める。実際に由伸とピッチングについて話すときには、ほとんど感覚的なものになるんですよ。

——そんな、微妙な感覚の上に野球が成り立っているという事実は興味深いですね。

山岡 そうですね。その感覚をうまく表現できるようになればいいですね。

山本 ピッチャーというのは、デリケートなものですから(笑)。

18
YAMAMOTO YOSHINOBU

今シーズンの目標は
ふたり合わせて30勝!

——いよいよ2020年のシーズンがスタートします。ふたりにかかる期待はこれまで以上です。

山岡 チームを勝ちに導く投球をしたい。"負けない投手"ではなく"勝てる投手"を目指したいです。自分がしっかり勝つことで、周りに良い影響を与えたい。チーム内に相乗効果を生み出すような投球ですね。とにかく、勝ちたいという気持ちは強いです。

山本 とにかく勝ち星を増やしたい。僕が投げた試合は、全部勝つ! というくらいの気持ちでマウンドに登るつもりです!

山岡 由伸とともにレベルアップしながら、勝ち星を積み重ねていきたい。

山本 お互いが頑張って、刺激し合うってことも大切ですね。

山岡 貯金だな。ふたりで20の貯金!

山本 ひとり、10ずつの貯金ですね。

山岡 それぞれが15勝5敗で達成できる!

山本 ふたりで30勝10敗（笑）。

山岡 少し、投げすぎじゃない（笑）?

山本 それくらいいかないと!

2020年のパフォーマンスは
「せ！ せ！ せいや！」で決まり!?

史上最年少 M-1 王者
特別インタビュー

霜降り

バファローズの
ファンフェスMCが
僕たちに自信をくれた

2017年、2018年にBsファンフェスタのMCを担当した霜降り明星。
その後、M-1王者に輝き、一躍人気芸人の仲間入りを果たした。
ファンフェスタが大きな飛躍のきっかけをつくってくれたというふたりが
オリックス・バファローズへの愛を語り尽くす！

取材・構成／松野友克　撮影／花田裕次郎

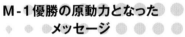

ブランボーの応援歌が頭から離れない

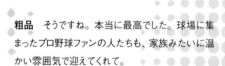

M-1優勝の原動力となったメッセージ

――2017年に初めて、バファローズのファンフェスタで司会を担当されましたが、当時を振り返り、印象に残っていることを教えてください。

粗品 僕はプロ野球が好きで、ゲームとかもよくやっているんですよ。だから、地元・大阪の球団のイベントに参加させてもらうということは、本当に光栄でした。でも、プレッシャーは、半端なかったですよ。当時、僕らはそんなに売れてなかったですし、それまでオリックス・バファローズさんと縁もゆかりもなかったので、受け入れてもらえるのかなっていう心配はありました。

せいや 実は、ファンフェスのMCの前に、球場外イベントのステージに出させてもらったことがあったんですよ。それからいきなり、MCに抜擢という大出世。うれしかったですけど、ファンに受け入れてもらえるかなっていう不安は、僕ももっていました。でも、粗品の「スプーンに映った小栗旬さん」のネタで、ファンの人がわーって沸いてくれて。そのあたりから、しっかりやれば伝わるなと思いましたね。

――そんな中で2018年も引き続き、MCを担当することになりました。

粗品 2年連続でやらせていただけると聞いたときは、めちゃくちゃうれしかった。しかも、M-1の決勝進出が決定した後だったので、2017年より気持ちは楽で、選手にお会いするのもすごく楽しみでした。

せいや 確かに、M-1決勝進出というのは大きかった。芸人として盛り上げて、その勢いでM-1に勝てたら縁起がいいという思いも少しありましたから。球団のスタッフさんとも顔見知りになり、イベントの最後には、バックスクリーンに"M-1頑張れ！"ってメッセージも映し出してもらって。あれは、本当に励みになりましたし、優勝できた要因の一つといってもいいですよ。

――2019年8月25日には、M-1王者として京セラドーム大阪に凱旋し、漫才も披露しました。いい恩返しになったのではないですか?

粗品 僕たちとしては、2019年のファンフェスでMCをやりたかったんです。でも、スケジュールがどうしても合わず……。そんな状況で僕たちが、どんな形でもいいからバファローズのイベントに出させてくれってお願いしたんです。そしたら、「真夏のオリフェス2019」に出られることが決まって、本当に感動しました。

――球場で漫才をする経験は、なかなかできませんもんね。

粗品 そうですね。本当に最高でした。球場に集まったプロ野球ファンの人たちも、家族みたいに温かい雰囲気で迎えてくれて。

せいや 僕らが出ていったとき、スタンドからの歓声が聞こえて、「うわ、自分らも大きくなれたんかな」って。まったく野球とかかかわりのなかった僕たちがバファローズを通じて、球団やファンと絆が生まれて、成長させてもらっているなという気持ちも沸いてきました。吉田正尚選手なんか、僕たちのところにユニフォームをもって来てくれて。他の選手からも、「すごく、いいですね」とかめっちゃ言ってもらい感動しました。2017年にMCをやって以降は、僕ら、オリックス・バファローズと一緒にデカくなれたんだなって気がしています。

――ファンフェスタのMCをしたとき、印象に残っていた選手はいますか。

粗品 めちゃくちゃいますけど、しいて挙げるなら、昨年で引退された岸田(護)さんですかね。

せいや 岸田さん、おもろいよな。

粗品 一見、怖そうに見えるんですけど、めちゃくちゃユニークなんですよ。だから、引退って聞いたときは、ぐっとくるものがありましたね。あと、宗(佑磨)選手。僕らより笑いとってましたからね(笑)。

せいや そうやったな(笑)。

粗品 選手と接していると、やっぱり関西の球団やなって。

せいや 僕は、T-岡田さんかな。すごく謙虚な人で、年下の僕らにも敬語で話しかけてくれるんですよ。最初にMCをしたときなんて、「頑張ってください！」「笑い取ってください！」って励ましてくれて。こっちは、学生時代から見ていたスター選手から、優しく励ましてもらって、申し訳ない気持ちになりましたからね。

粗品 1年目のときは、海田(智行)選手からも舞台上で「いつも見てます」って言ってもらって、めっ

ちゃうれしかったですね。

せいや 言ってくれてたな。

──ファンフェスタという仕事を通じて、選手、スタッフ、ファンの温かさに触れたわけですが、ふたりが思うオリックス・バファローズの魅力とは、どういう点でしょうか。

粗品 メリハリがしっかりしていることじゃないですかね。おもしろいことをやるときは、とことんおもしろく、勝負するときは顔つきも変わって勝負に徹する。まあ、当たり前のことかもしれませんが、こういうメリハリの強さがオリックス・バファローズという球団の魅力なんじゃないかと思います。

せいや 吉本と近い雰囲気を持った球団ですよね。漫才的なおもしろさというか、大阪魂というものが全面に出ている感じもある。大阪のファンのパワーは、半端なものじゃないじゃないですか。順位が下位だったとしても、悔しいって思いもありながら、下位だったことも楽しんでしまうような雰囲気をもっていますよね。「別に1位だけを美学にしてませんから」みたいな。負けの美学みたいなもの楽しむって、大阪人ならではだと思うんですよね。どんな状況でも、俺ら、バファローズが好きやで！っていう。そうファンに思ってもらえる球団の雰囲気があるから、愛されているのかなって。間違った解釈かもしれませんけど、大阪という場所に合っているチームだと思います。しばらく優勝から遠ざかってますけど、優勝したら、今まで溜まっていたものが爆発するから、とんでもない感動が味わえると思いますね。

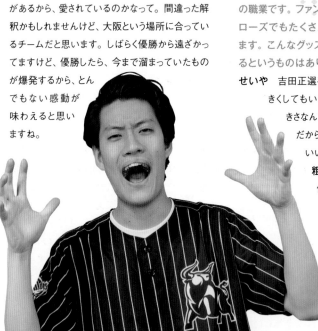

一塁塁審になって
ハーフスイングのジャッジがしたい

──プロ野球選手も芸人さんも、ファンあっての職業です。ファンの興味を引くために、バファローズでもたくさんのグッズが販売されています。こんなグッズがあれば、もっと人気が出るというものはありますか？

せいや 吉田正選手のダンベルグッズは、もっと大きくしてもいいんじゃないですか。今の大きさなんて、軽く持ち上げられるでしょ。だから、重量挙げみたいなものでもいいかしれませんね。

粗品 デカすぎるやろ、それは。僕は、ブランボー（2005年から2年間在籍）のグッズ出してほしいな。

せいや ブランボー？

粗品 ブランボーは僕の青春なんでね。子どもの頃、球場に見に行ったときに、谷（佳知）さん

と一緒に活躍してたんですよ。「ダン！ダン！ダン！ブランボー！」っていう応援歌もめっちゃ大好き！だから、ブランボーグッズを出してほしい。

せいや 僕は、球場で売っているお弁当とかをプロデュースしたい。もう出ているかもしれませんけど、T-岡田選手のTボーンステーキ弁当とか。

粗品 うまい！あ、僕はアプリかな。バファローズに特化したゲームアプリ。試合前に遊べるやつ。

──バファローズの選手が登場してミニゲームが遊べるようなものですか？

粗品 そうですね。僕、野球ゲームのアプリをよくやっているんですよ。バファローズでMCをやらせてもらう前は、何十万円も課金して、東京ヤクルトスワローズの選手集めていたんです（笑）。

せいや こわっ！

粗品 今も、やっていますけど、金子（弌大）選手以外は、全員バファローズの選手。金子さんだけは、どうしても捨てられなくて……。

──粗品さんのバファローズ愛はよくわかりました。ここから少し話題を変えます。ふたりがプロ野球の世界で働くとしたら、選手はもちろんですが、球団スタッフ、スタジアムDJなど、さまざまある職業の中で、これをやってみたい

バファローズ & 霜降り明星メモリーズ 2017～2019

2017年

せいやが大抜擢と語る2017年ファンフェスタ。どことなく緊張した表情が印象的だった

2018年
2年連続のMCとなったファンフェスタ2018。選手との絶妙な掛け合いを見せるなどイベントを盛り上げた

2019年

M-1王者となって京セラドーム大阪に凱旋した霜降り明星。ふたりには温かい声援が送られた

2019年

イベント当日、ベンチ裏で吉田正尚選手とスリーショット。特製ユニフォームもプレゼントされた

というものはありますか？

せいや 僕は、一塁の審判やってみたいかもしれないですね。

——主審ではなく、一塁塁審っていうのは珍しいですね。何か理由はあるんですか？

せいや バッターがハーフスイングしたときに、主審が塁審に確認するじゃないですか。あのときの塁審ジェスチャーがかっこいいんですよ。

粗品 そこ!?

せいや 一瞬でカメラが切り替わって、振ったか、振ってないかを判断する。あれ選手からしたら大事じゃないですか。ボールになるかストライクになるか。あれの判断。

——左バッターのときは三塁塁審が判断しますが、三塁塁審でもいいわけですね。

せいや いや一塁がいいですね。選手と会話するチャンスも多いから。

粗品 しゃべんの？しゃべんなや、あんま。

せいや 三塁は、あまり話す機会が少ないから。

粗品 いやいや、駆け引きすごいから、話しかけられへんで。

せいや まあ、とにかく一塁で、ハーフスイングの判断をしてみたいですね。あれは、本当にかっこいい。

——粗品さんはなにかありますか？

粗品 僕は、私設応援団の団長になって、「ダン！ダン！ダン！ブランボー！」みたいに、誰もが知ってるような応援歌をつくりたい！

——あと、ホームラン後にベンチ横のカメラに向かって行うパフォーマンも話題になります。選手にやってほしい、パフォーマンス案はありますか？

せいや 今、大流行してる「せ！せ！せいや！」じゃないですか。全員にやってもらいたい。

粗品 どこで流行してんねん？

せいや いやいや、大流行してますで今。

粗品 流行ってへんちゅうねん。

せいや 世間の子どもたちは、全員やってますから。

粗品 やってないよ。一人も。

せいや ホームランを打った選手がやるのは当然ですけど、凡打のときも、空振りのときも、一応、やってもらえればなと。

粗品 ファンがキレるだけや、そんなもん！

せいや 全プレーしたときや、交代でベンチに帰ってくるときも、気合の意味で「せ！せ！せいや！」と。

粗品 なんやねん、それ。

せいや 数は、増やしてほしいですね。

粗品 いらん！

——粗品さんの案はどうですか？

粗品 芸人ネタで流行ったものを取り入れるのはありだと思いますね。2019年でいえば、ピンクの電話さんみたいなのしてほしいですね。ピンクの電話さんの一節をね、よっちゃんの声高いので。

せいや 大先輩や！なんや、よっちゃんって。

——新外国人の方とかにやっていただいたら余計に、親近感がわきますよね（笑）

粗品 確かに！アダム・ジョーンズ選手とかにやってほしいですね。

肩は人並みでいいから
守備力No.1のセンターになりたい！

——ふたりがプロ野球選手になれたとしたら、どんなスタイルでプレーしたいと思いますか？

せいや 天才ショートですね。二遊間も三遊間もさばきにさばいて。スポーツ番組で頻繁に特集されるような選手！ゴールデングラブ賞10年連続、15年連続受賞するぐらいの。バッティングは、長打はあまりないんですけど、内野安打で本数を稼ぐような。

粗品 めっちゃ、理想が固まっとるやん。

せいや 左バッターで、強くバウンドさせれば、まあ内野安打になる。わかりやすくいえば、イチローさんのショートバージョンで、『ド

カベン』に出てくる殿馬って感じですかね。

——粗品さんはどうですか？

粗品 僕は外野手が好きなんで、センターがいい。フェンスよじ登ってキャッチしたり、めっちゃ走ってダイビングキャッチしたり。でも、肩は強くなくていいです。

せいや え？外野は、肩強いほうがいいやろ？

粗品 肩はいいです。人並みで。とにかく足が速くて、華麗な動きが見せられれば。

せいや バックホームで刺せないと。サヨナラ阻止とか、いい場面で刺したらかっこええんちゃう？

粗品 それもいいけど、手前に落ちそうな打球をグラブを下にむけてぎりぎりで取りたい。

——レーザービームは必要ないと？

粗品 なくていい。

せいや 理想低いなぁ。刺せや！肩がなかったらレギュラーになれへんよ。

粗品 いや、肩はいらないです。今の野球はね、肩いらないです。

せいや 肩あるにこしたことないって……。

——バッティングでのこだわりは？

粗品 僕も左打ちで、打順は1番。スイングしながら走って、一塁でセーフになるみたいな。

せいや いっしょやん！被ってる、俺と。

粗品 セーフティバントとかしたいですね。

——ふたりとも、ホームランバッターへの憧れはないんですか？

粗品 ホームラン打てればいいですけど、憧れっていうものはないですね。

せいや 打率は下げたくないですから。3割5分とか打てたほうが、かっこいいじゃないですか。

粗品 かっこいい。

せいや ホームランよりは、アベレージヒッター。でも、トリプルスリーはやってみたいかな。だから、集中すれば、30本はホームラン打てるみたいな。

粗品 じゃあ、最初から狙えよ。

せいや ヒット打つほうが、難しいと思ってるので。あ、これ、イチローさんの名言です！打とうと思えば（ホームランは）打てます。

——ピッチャーだとしたら、どんな

スタイルを理想にしますか？

粗品 たくさん変化球を投げるというよりは、えぐ
い変化球ひとつと、ストレートで勝負する投手かな。
少ない球種で三振とるみたいなのが憧れですね。

せいや 僕は、メジャーが震撼するくらいのクロー
ザー。普通のストレートに見えるんですけど、手元
にくるとホップするような浮く感じのボールを投げ
る。ストレートってわかっているのに、ボールの下を
空振りしちゃう。球速は158km/hぐらい。

粗品 結構、出てるやん。

せいや 体感は、もっと出てるって、みんな言うん
ですよ。158じゃないよ！って。その球を武器にメ
ジャーに行きますね、ピッチャーやったら。

粗品 設定、細か！

せいや 抑えでサイ・ヤング賞って取れましたっけ？

——はい。過去にも抑えで受賞した選手はいま
す。

せいや そうですか。じゃあ、抑えで取って先発に
転向してもう1回とる感じかな。

粗品 え？

せいや メジャーでは先発に転向。体力もあるも
んで。

粗品 あるもんで？

せいや 中継ぎから抑えまで全然いけてたので、
先発でサイヤング賞は取りますね。

粗品 取りますね、じゃなくて、取りたいですね、やろ。

せいや とにかく、ストレートって言っていいかわか
らないようなボールを投げて。

粗品 いや、ストレートやろ。

せいや いや、新しい、ジャイロボーラーがやってき
たみたいな。全米で議論になるくらいの。

粗品 どこまで、考えてんねん！

——明確な理想を持つふたりが投手と打者に分
かれて対戦するとしたら、どのように抑えます
か。まずは粗品さんがピッチャーだったら？

粗品 1番・ショート、せいやでしょ、さっき言ってい
た。初球は、高めにストレート投げたら、簡単に手
を出して空振りですね。

せいや いや、選球眼は、えぐいっすよ。

粗品 客席の1列目くらいの高さに投げても振っ
てくれるんじゃないですかね。

せいや 死ぬほど高い！

粗品 そんな選手ですから、変化球を使わず、スト
レートだけの3球勝負。3球目は右投げから左投げ
に変えても、三振しますよ（笑）。

——せいやさんは、粗品さんをどう抑えますか？

せいや こいつは内角攻めしたら腰引けて、「うえぇ
〜」言うので。初球は、内角高めで。

粗品 「うえぇ〜」なんて、言うか！

せいや その1球がトラウマになるので、あとは、ど
真ん中に投げても凡打しますから。

ファンフェスMCに復帰して
選手たちと交流したい！

——そろそろ、劇場の出番が迫ってきていると
いうことなので、締めに入りたいと思います。
2020年のオリックス・バファローズで期待し
ている選手はいますか？

粗品 僕は荒西（祐大）選手ですかね。連絡先を
交換したので。一度、食事をさせていただいたこと
もあり、また行きたいので。今シーズンは、先発を
支えてくれるような、ローテーションに入ってほしい
ですね。

せいや ベタですけど、吉田正尚選手。2年ほど
前に結婚していたこともわかって、昨年の12月に
は披露宴もやっていたじゃないですか。やっぱり、
守るものができると、人は強くなるっていいますから、
さらなる活躍に期待したい。日本を代表するスター
選手ですから。

——吉田正尚選手には、個人タイトルも獲得して
もらって、チームを優勝に導いてもらいたいで
すね。

せいや そうですね。

——多忙な日々を過ごしているふたりですが、
また、ファンフェスタのMCをやってみたいで
すか？

粗品 もちろん、やりたいです！みなさん本当に面

白かったので、野球盤のコーナーとかまたやりたい。
2018年はピッチングマシンで球種選んでってやって
ましたけど、岸田さんとか、使ったらアカンっていわれ
たやつも使ってましたからね。そういうおもしろい選
手がたくさんいますから、野球盤はやりたいな。

せいや やってたね（笑）。あと、ファンの人は、
選手の個性が見たいと思うので、野球のゲームも
もちろんそうですけど、単純にカラオケ大会とかそう
いう個性に特化したコーナーとかもやってみるとお
もしろいと思いますよ。モノマネ対決でもいいです
し、バラエティー色強いコーナーもやってみたい。

——最後に、バファローズの選手、ファンへ熱い
メッセージをお願いします。

粗品 2020年シーズンは、優勝してください！本
当に応援しています。僕らもオリックス・バファロー
ズの一員やと思っているので。とても楽しみにし
ております。

せいや オリックス・バファローズのチームの方た
ちと、ファンの方たち、スタッフのみなさんとこうやっ
て一緒にかかわらせていただいて4年目に入りま
す。優勝を目指して戦う選手たちと一緒になって、
僕らも、M-1優勝という枠にとらわれず、もうワンラ
ンク上げた舞台にも挑戦していこうと思います。こ
れからも、オリックス・バファローズの選手、スタッフ、
ファンと一緒に歩んでいきたいと思います！

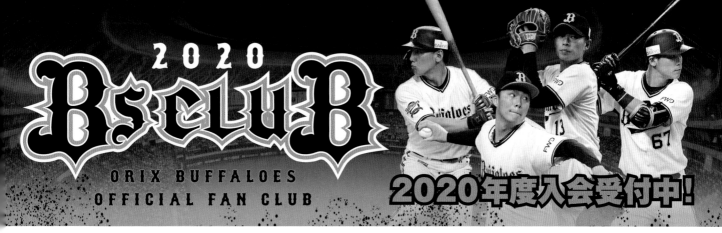

2020 BsCLUB
ORIX BUFFALOES OFFICIAL FAN CLUB

2020年度入会受付中!

2020年度の会員種別はこちら

EXTRA PREMIUM MEMBER エクストラプレミアムメンバー

受付終了しました!!

事前申込・抽選制　合計500名様限定

※年会費には入会記念品の送料を含んでおります。

来場ポイント	**500**ポイント	
チケット購入ポイント付与率	**20**%	
グッズ購入ポイント付与率	**12**%	
会員証選択	アプリのみ	

Aコース 年会費 85,000円（税込）
①入会記念品（2アイテムセット）：オリジナルタオルセット／オリジナルユニフォーム

Bコース 年会費 130,000円（税込）
①入会記念品（5アイテムセット）：オーセンティックユニフォーム／コラボウェア／コラボボストンバッグ／オリジナル野球盤／オリジナルユニフォーム

※入会には「オリックス・バファローズ公式アプリ」をインストールすることが必須となります。アプリをインストールできない方はご入会いただけません。（カード会員証発行はできません。）

② 「エクストラプレミアムチケット」つき
1試合につき1枚、内外野自由席で利用できるチケット[セ・パ交流戦、地方振替試合、クライマックスシリーズ、日本シリーズは除く]
※利用方法など詳細は2020年2月中旬頃ご案内します。
※京セラドーム大阪・ほっともっとフィールド神戸でのオリックス主催1軍オープン戦・公式戦の内外野自由席チケットとなります。
※オリックス主催1軍セ・パ交流戦については、下段外野指定席または上段内指定席に利用できる引換券を9枚アプリ内に付与します。
※チケットの転売行為、営利目的で他人にチケットを譲渡する行為は禁止されております。
※チケット利用に関してBsCLUB事務局が不正行為を確認した場合、当該会員を退会させることがあります。
※スマートフォン紛失などによる再発行は、いかなる場合も受付いたしかねます。
※2020年度より対象指定席への引換は廃止となりました。

③ 第1次前売券先行ランク
（1試合2枚まで）
※1試合2枚以上は先行販売の対象外となります。

④ アプリ会員証選択ボーナスポイント
Aコース「5,000ポイント」付与
Bコース「10,000ポイント」付与
※ポイント付与タイミングは2020年3月下旬頃を予定しています。

⑤ CLUB STADIUM利用（営業開始〜）
※ご利用方法詳細は後日、球団公式ホームページ等でお知らせします。

⑥ 指定席券・自由席券が一般当日価格の半額（一部席種対象外）

⑦ 球団激励パーティーの参加権利（有料）Bコースのみ（2020年3月予定）
※参加費はご本人様・同伴者様に別途お客様負担となります。
※参加人数は2名様（ご本人様+1名）までとなります。

⑧ 新人選手入団発表記者会見（2019年12月）の参加権利（事前申込・抽選制）

⑨ 選手からオリジナルグッズ手渡しイベント（お一人様一回限り）Bコースのみ **NEW!**
※2020年シーズン中の試合前に選手からエクストラプレミアムメンバー限定のオリジナルグッズを手渡しします。
※日程や開催球場など詳細は後日お知らせします。

PLATINUM MEMBER プラチナ会員

※年会費には入会記念品の送料を含んでおります。　※2020年度より入会記念チケット「内外野自由席券18枚」は終了させていただきました。

来場ポイント	**300**ポイント	
チケット購入ポイント付与率	**17**%	
グッズ購入ポイント付与率	**10**%	
会員証選択	・アプリ ・カード	

Aコース 年会費 30,000円（税込）
①入会記念品（2アイテムセット）：オリジナルタオルセット／オリジナルユニフォーム

Bコース 年会費 35,000円（税込）
①入会記念品（3アイテムセット）：コラボボストンバッグ／オリジナルタオルセット／オリジナルユニフォーム

Cコース 年会費 38,000円（税込）Cコースはインターネット入会限定!
①入会記念品（3アイテムセット）：コラボウェア／オリジナルタオルセット／オリジナルユニフォーム

Dコース 年会費 51,000円（税込）Dコースはインターネット入会限定!
①入会記念品（5アイテムセット）：コラボウェア／コラボボストンバッグ／オリジナル野球盤／オリジナルタオルセット／オリジナルユニフォーム

② 指定席引換券8枚つき
③ 第2次前売券先行ランク
④ CLUB STADIUM利用（試合開始〜）

GOLD MEMBER ゴールド会員

チケット購入ポイント付与率がパワーアップ!

※年会費には入会記念品の送料を含んでおります。　※2020年度より入会記念チケット「内外野自由席券4枚」は終了させていただきました。

来場ポイント	**250**ポイント	
チケット購入ポイント付与率	**16**%	
グッズ購入ポイント付与率	**10**%	
会員証選択	・アプリ ・カード	

Aコース 年会費 10,000円（税込）
①入会記念品（2アイテムセット）：オリジナル野球盤／オリジナルユニフォーム

Bコース 年会費 11,000円（税込）
①入会記念品（2アイテムセット）：オリジナルタオルセット／オリジナルユニフォーム

Cコース 年会費 14,000円（税込）
①入会記念品（2アイテムセット）：コラボボストンバッグ／オリジナルユニフォーム

Dコース 年会費 17,000円（税込）Dコースはインターネット入会限定!
①入会記念品（2アイテムセット）：コラボウェア／オリジナルユニフォーム

② Aコース：内外野自由席券1枚つき　B・C・Dコース：指定席引換券2枚つき
③ アプリ会員証選択：第3次前売券先行ランク　カード会員証選択：第4次前売券先行ランク
④ CLUB STADIUM利用（試合開始〜）

REGULAR MEMBER レギュラー会員

来場ポイント	**200**ポイント	
チケット購入ポイント付与率	**15**%	
グッズ購入ポイント付与率	**10**%	
会員証選択	・アプリ ・カード	

年会費 3,000円（税込）
入会記念品配送ご希望の場合（送料込年会費 4,000円）
①入会記念品：オリジナルユニフォーム

② 内外野自由席券1枚つき
（インターネット入会または自動継続入会の方のみ「内外野自由席券1枚」、「オンラインショップクーポン（500円）1枚」のどちらか1つ選択いただけます）
③ アプリ会員証選択：第5次前売券先行ランク　カード会員証選択：第6次前売券先行ランク

JUNIOR MEMBER ジュニア会員

チケットがフリーパスになりパワーアップ!!

※2020年度より年会費を改定しました。何卒ご理解頂けますよう宜しくお願い申し上げます。

来場ポイント	**200**ポイント	
チケット購入ポイント付与率	**15**%	
グッズ購入ポイント付与率	**10**%	
会員証選択	カードのみ	

年会費 1,500円（税込）
（送料込年会費 2,500円）
対象：中学生以下（2020年4月2日時点）
①入会記念品：プラクティスTシャツまたはオリジナルサコッシュ

② 内外野自由席フリーパスつき　1試合につき1枚、内外野自由席券をお渡しします[オープン戦、セ・パ交流戦、地方開催試合、地方振替試合、クライマックスシリーズ、日本シリーズは除く]
※利用方法など詳細は2020年2月中旬頃に案内します。
※京セラドーム大阪・ほっともっとフィールド神戸でのオリックス主催1軍公式戦の内外野自由席券となります。
※内・外野自由席がすべて満席となり入場しての観戦、立見での観覧またはご入場をお断りする場合がございます。　※オリックス主催1軍セ・パ交流戦は対象外となります。　※ご本人様のみ利用できます。　※シーズン中に実施予定の「前売限定グッズ引換券（前売購入特典）」の対象外となります。　※チケットの転売行為は禁止されております。
③ 第6次前売券先行ランク

STADIUM MEMBER スタジアム会員

インターネットでの入会受付開始でさらにお手軽に入会しやすく!!

来場ポイント	**100**ポイント	
チケット購入ポイント付与率	**10**%	
グッズ購入ポイント付与率	**8**%	
会員証選択	アプリのみ	

Aコース 年会費 1,800円（税込）
①入会記念品：内外野自由席券1枚つき

Bコース 年会費 1,500円（税込）
①入会記念品：外野自由席券1枚つき

Cコース 年会費 2,000円（税込）
①入会記念品：オリジナルユニフォーム

Dコース 年会費 3,000円（税込）
①入会記念品：指定席引換券1枚つき

無料会員について

※無料会員はインターネットでのみ入会を受付します。
※無料会員についての詳細は球団公式ホームページをご覧ください。

入会記念チケットについて

【指定席引換券】
事前に指定席券に引き換えてご利用ください。
京セラドーム大阪：SS指定席以下＜予定＞、ほっともっとフィールド神戸：ネット裏指定席以下＜予定＞（2019年9月現在の座席名称）

【内外野自由席券】
両球場の共通内外野自由席券となります。

指定席引換券の注意事項
※前売券先行購入期間中の引き換え、事前予約はできません。
※引き換え方法については決定次第球団公式ホームページ等でお知らせします。

指定席引換券・内外野自由席券の共通注意事項
※上記記念チケットは京セラドーム大阪・ほっともっとフィールド神戸のオリックス主催1軍試合でのみお引き換えいただけます（地方振替試合など一部対象外試合が発生する場合あり）。　※有効期間は公式戦開幕からレギュラーシーズン終了まで（オープン戦、セ・パ交流戦、地方主催試合、クライマックスシリーズ、日本シリーズは除く）です。　※一部対象外となる席種がございます。

2020オーセンティック ユニフォーム（サード）

選手着用品と同じ素材・仕様 本物を求める人の必須アイテム！

受付終了しました!!

★お好きな背番号（選手）のユニフォームをお選びいただけます。
★受注生産となるためお申込み後、90日程度お届けにお時間がかかります。

エクストラB

B×デサント オリジナルコラボウェア

薄手で軽くおしゃれなデサントウェアがBsCLUB初登場！

インターネット入会限定!

●Oサイズ ●Lサイズ ●Mサイズ ●Sサイズ
※サイズ詳細については球団公式ホームページをご確認ください。
★お申込み時にいずれかのサイズを選択してください。

エクストラB
プラチナC・D
ゴールドD

B×デサント オリジナルコラボボストンバッグ

ボストンバッグ・ショルダーバッグ・ハンドバッグの3WAYバッグ！

●ネイビー×シルバー
サイズ[W43×H28×D15cm]

エクストラB
プラチナB・D
ゴールドC

オリジナル野球盤 京セラドーム大阪ver.（エポック社製）

ボールが空中を飛ぶ！大人も子どもも楽しめる野球盤！

●対象年齢：5歳以上
●プレイ人数：2人
●使用電池：なし
●サイズ[W42.2×H12.7×D42.2cm]

エクストラB
プラチナD
ゴールドA

2020 オリジナルタオルセット

定番の今治バスタオル＆マフラータオルセット！

●バスタオル（今治タオル）[W120×H60cm]［グレー］
●マフラータオル[W110×H20cm]の2点セット

エクストラA・B
プラチナA・B・C・D
ゴールドB

2020オリジナル ユニフォーム（サード）

応援に欠かせない王道アイテム！

●Oサイズ（着丈83cm、身幅64cm）
●Lサイズ（着丈79cm、身幅60cm）
●Mサイズ（着丈75cm、身幅56cm）
●Sサイズ（着丈71cm、身幅52cm）
●2020ハイクオリティユニフォーム2,000円割引券
※昇華プリントとなります。
★お申込み時にいずれかのサイズまたは割引券を選択してください。

エクストラA・B	
プラチナA・B・C・D	レギュラー
ゴールドA・B・C・D	スタジアムC

ジュニア会員 ※ジュニア会員はどちらか1つのアイテム選択となります。

2020 オリジナルプラクティスTシャツ

●こども Lサイズ（着丈62cm、身幅50cm）
●こども Sサイズ（着丈52cm、身幅43cm）
※昇華プリントとなります。
★お申込み時にどちらかのサイズを選択してください。

BsCLUB オリジナルサコッシュ

裏
表

●ネイビー×ホワイト
●サイズ[W27×H21cm]

入会記念品 注意事項

★会員種別・コースによって選択できる入会記念品が異なります。
※画像はイメージのため、デザイン・サイズ等が変更となる場合がございます。
※入会記念品は数量限定のため、ご希望にそえない場合がございます。また受付終了によりご希望の会員種別・コースに入会いただけない場合がございます。
※各入会記念品については不良品以外の返品・交換はできかねますのでご了承ください。

お申込み方法

インターネット

| 受付期間 | 2019年11月18日午前10時〜2020年8月31日（予定） |

球団公式ホームページからお申し込みいただけます。

★パソコン https://www.buffaloes.co.jp
★スマートフォン https://sp.buffaloes.co.jp/

| オリックス・バファローズ | 検索 |

直営店 ●Bs SHOP ●B-WAVE

| 受付期間 | 2019年11月19日〜2020年6月30日（予定） |

※京セラドーム大阪でのオリックス主催オープン戦及び1軍公式戦試合日はBs SHOPでは受付しておりません。左下記載の球場受付へお越しください。

バファローズ直営店店頭にて、申込書にご記入のうえ、年会費を添えてお申込みください。

球場 ●京セラドーム大阪 ●ほっともっとフィールド神戸

| 受付期間 | 2020年3月上旬〜2020年8月31日（予定） |

各球場の「ファンクラブ受付」にて、申込書にご記入のうえ、年会費を添えてお申込みください。
※京セラドーム大阪・ほっともっとフィールド神戸でのオリックス主催オープン戦及び1軍公式戦開催時開催球場のみ。

郵便局 ※払込手数料はお客様負担となります。

| 受付期間 | 2019年11月18日〜2020年6月30日（予定） |

払込取扱票に必要事項をご記入のうえ、年会費を添えて郵便局にてお申込みください。

受付期間については変更になる場合がございます。予定数に達した場合、受付期間中であっても受付を終了する場合がございます。

会員共通サービス

充実のチケットサービス!

会員お一人様につき1試合4枚までBsCLUB会員価格で購入できる!

- 観戦チケットが割引に!
- 前売券が早く購入できる!

★対象試合・席種・2020年度のチケット価格・詳細は、決定次第球団公式ホームページ等にてお知らせします。

📈 Bsポイントを貯めよう!

- 来場でポイントが貯まる!
- グッズ購入で貯まる!
- チケット購入で貯まる!
- シーズンシート・回数券購入で貯まる!
- 飲食購入で貯まる!

★ポイント付与率・ポイントプログラム詳細・ポイント交換受付場所等については球団公式ホームページ等にてお知らせします。

その他イベント・サービスはこちら!

- ファンクラブデーの開催!
- CLUB STADIUMが利用できる!
- 選手サイン会・選手写真撮影会の開催!
- ビジター応援デーを開催!

★詳細は決定次第、球団公式ホームページ等にてお知らせします。
※レギュラー会員・ジュニア会員・スタジアム会員・Bsわんにゃんクラブ会員はCLUB STADIUM利用サービス対象外となります。

2020年より廃止となるサービス等一覧	◆京セラドーム大阪4番ゲート内側・11番ゲート内側のiPad端末によるカード会員証来場ポイント受付 ◆カード会員証の球場窓口受取サービス　◆プラチナ会員入会記念チケット内外野自由席券18枚 ◆ゴールド会員入会記念チケット内外野自由席券4枚　◆WEB入会キャンペーン(自動継続) ◆会員種別「プレミアムメンバー」

入会キャンペーン一覧（アプリ会員証選択キャンペーン以外）
※無料会員は以下すべてのキャンペーンの対象外となります。

継続入会キャンペーン

BsCLUBに継続入会いただいた方には、継続年数に応じてBsポイントを付与します。
（2020年6月30日までに継続入会された方が対象となります。）

2年目	300ポイント	3年目	500ポイント
4〜9年目	1,000ポイント	10年目〜	2,000ポイント

入会キャンペーンスケジュール

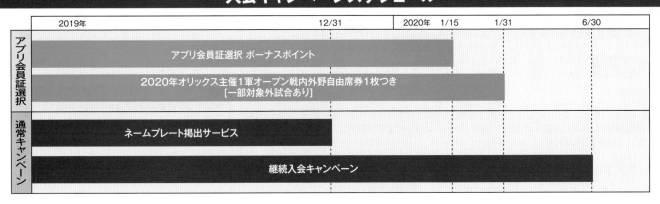

2020年度 BsCLUBは… アプリ会員証 選択が お得！便利！

アプリ会員証イメージ　カード会員証イメージ

⚠ **2020年度は入会時に「アプリ会員証」か「カード会員証」のどちらかを選択いただく必要があります。**

※エクストラプレミアムメンバー・スタジアム会員・無料会員はアプリ会員証となります。　※ジュニア会員はカード会員証となります。

アプリ会員証 を選択するとこれだけ お得！

① ゴールド会員・レギュラー会員は 前売券先行ランクがアップ！

第1次	エクストラプレミアムメンバー	
第2次	プラチナ会員	
第3次	ゴールド会員（アプリ会員証選択の会員）	
第4次	ゴールド会員（カード会員証選択の会員）	
第5次	レギュラー会員（アプリ会員証選択の会員）	
第6次	レギュラー会員（カード会員証選択の会員）	ジュニア会員
一般販売	スタジアム会員	無料会員

② 2020年1月15日までの入会者対象！ アプリ会員証選択ボーナスポイントあり！

エクストラプレミアムメンバー	Aコース：5,000pt
	Bコース：10,000pt
プラチナ会員	2,000pt
ゴールド会員	1,500pt
レギュラー会員	700pt

※ジュニア会員・スタジアム会員・無料会員を除く。
※ポイント付与タイミングは2020年3月下旬頃を予定しています。

③ 2020年1月31日までの入会者対象！ 2020年オリックス主催1軍 [一部対象外試合あり] オープン戦内外野自由席券1枚つき！ 🎟 TICKET

※エクストラプレミアムメンバー・ジュニア会員・スタジアム会員・無料会員を除く。
※チケットお渡し方法は2020年2月下旬頃に球団公式ホームページにてお知らせします。

④ お得なクーポン配信！（予定） COUPON

⑤ 来場ボーナスポイントあり！ アプリ会員証選択会員限定 「アプリ会員デー」開催！

※詳細は後日、球団公式ホームページ等でお知らせします。

アプリ会員証 を選択するとこんなに 便利！

① 入会後、すぐに会員証が使える！

※2020年度アプリ会員証運用開始は2020年3月1日を予定しています。

② 入会記念チケットもファンクラブガイドもアプリにオールインワン！

※入会記念チケットやファンクラブガイドは配送ではなくアプリ表示となります（入会記念品以外の配送はございません）。

③ 来場ポイントを無人受付場所でスムーズに登録できる！ 京セラドーム大阪は5ヶ所程度、ほっともっとフィールド神戸は3ヶ所程度を予定

※来場ポイント登録時の通信には別途通信料がかかり、お客様のご負担となります。
※京セラドーム大阪4番ゲート内側・11番ゲート内側のiPad端末によるカード会員証来場ポイント受付は廃止となりましたのでご了承ください。
※登録方法など詳細は後日、球団公式ホームページ等でお知らせします。

アプリ会員証 選択可能入会場所

事前申込・抽選制	インターネット入会または球場入会	インターネット入会のみ	
 プレミアムメンバー	スタジアム会員	プラチナ会員	ゴールド会員
		レギュラー会員	無料会員

アプリ会員証注意事項

※アプリとは「オリックス・バファローズ公式アプリ」のことを指します。アプリ会員証を選択するには「オリックス・バファローズ公式アプリ」をインストールいただく必要があります。

※アプリ会員証とカード会員証の両方を所持・利用することはできず、例えばカード会員証をご選択の場合はアプリ会員証をご利用いただけません。

※入会後にカード会員証からアプリ会員証に変更した場合、アプリ会員証選択ボーナスポイント・2020年オリックス主催1軍オープン戦内外野自由席券1枚つきサービスの対象外となります。

※プラチナ会員・ゴールド会員・レギュラー会員でアプリ会員証選択ご希望の場合、インターネット入会のみとなりますのでクレジット決済またはコンビニ決済のどちらかとなります。

※スタジアム会員の年会費支払方法はインターネットの場合クレジット決済またはコンビニ決済のどちらか、球場入会の場合クレジット決済または現金払いのどちらかとなります。

PERFECT REGISTER

Bs 選手名鑑 2020

2020年のチームスローガンは『B INNOVATION ♯超革新系』。

"B" には、「Boost（底上げし）」、「Break（ブレイクし）」、

「Boom（ブームを起こす）」という意味が込められている。

♯超革新系　で "V" を目指す、総勢81名の選手たちを紹介する。

MANAGER & COACHING
STAFF LIST

監督

77 NISHIMURA NORIFUMI 西村 徳文

1960年1月9日（60歳）
177cm・78kg ／ 宮崎県 ／ 右投両打

経歴	宮崎　福島高-鹿児島鉄道管理局-ロッテ（ドラフト5位・82〜97引退）-ロッテ（98〜12）-オリックス（16〜）
主なタイトル・記録・表彰	首位打者（90） 盗塁王（86〜89） ベストナイン＜二塁手＞（85）・＜外野手＞（90） ゴールデングラブ賞＜二塁手＞（85）、＜外野手＞（90） 正力賞（10）

73 ヘッドコーチ兼 投手総合コーチ
TAKAYAMA IKUO 高山 郁夫

1962年9月8日（58歳）
189cm・97kg ／ 秋田県 ／ 右投右打

経歴	秋田商高-プリンスホテル-西武（ドラフト3位・85〜90）-広島（91〜94）-ダイエー（95〜96引退）-ソフトバンク（06〜13）-オリックス（14〜15）-中日（16〜17）-オリックス（18〜）

81 野手総合兼 打撃コーチ
TAGUCHI SO 田口 壮

1969年7月2日（51歳）
177cm・75kg ／ 兵庫県 ／ 右投右打

経歴	西宮北高-関西学院大-オリックス（ドラフト1位・92〜01）-カージナルス（02〜07）-フィリーズ（08）-カブス（09）-オリックス（10〜11引退）-オリックス（16〜）
主なタイトル・記録・表彰	ベストナイン＜外野手＞（96） ゴールデングラブ賞＜外野手＞（95・96・97・00・01）

72 投手コーチ
HIRAI MASAFUMI 平井 正史

1975年4月21日（45歳）
183cm・92kg ／ 愛媛県 ／ 右投右打

経歴	宇和島東高-オリックス（ドラフト1位・94〜02）-中日（03〜12）-オリックス（13〜14引退）-オリックス（15〜）
主なタイトル・記録・表彰	最高勝率（95） 最優秀救援投手（95）、新人王（95）、カムバック賞（03）

88 投手コーチ
KOMATSU SATOSHI 小松 聖

1981年10月29日（39歳）
180cm・80kg ／ 福島県 ／ 右投右打

経歴	勿来工高-国士舘大-JR九州-オリックス（大社ドラフト希望枠・07〜16引退）-オリックス（17〜）
主なタイトル・記録・表彰	新人王（08）

94 打撃コーチ
GOTOH MITSUTAKA 後藤 光尊

1978年7月27日（42歳）
175cm・75kg ／ 秋田県 ／ 右投左打

経歴	秋田高-川崎製鉄千葉-オリックス（ドラフト10巡目・02〜13）-楽天（14〜16引退）-オリックス（19〜）

76 内野守備・走塁コーチ
KAZAOKA NAOYUKI 風岡 尚幸

1968年1月24日（52歳）
176cm・71kg ／ 愛知県 ／ 右投右打

経歴	中部大春日丘高-阪急・オリックス（ドラフト6位・86〜97）-阪神（98〜00引退）-阪神（01〜04）-中日（05〜10）-阪神（11〜15）-オリックス（16〜）

---

75 外野守備・走塁コーチ
SATAKE MANABU 佐竹 学

1974年10月27日（46歳）
178cm・78kg ／ 北海道 ／ 右投右打

経歴	東海大付属第四高-東海大-オリックス（ドラフト4位・97〜04）-楽天（05〜06引退）-楽天（07〜09）-オリックス（11〜）

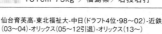

82 バッテリーコーチ
SUZUKI FUMIHIRO 鈴木 郁洋

1975年5月23日（45歳）
181cm・75kg ／ 福島県 ／ 右投右打

経歴	仙台育英高-東北福祉大-中日（ドラフト4位・98〜02）-近鉄（03〜04）-オリックス（05〜12引退）-オリックス（13〜）

90 ブルペンコーチ
BEPPU SHUSAKU 別府 修作

1963年8月14日（57歳）
177cm・80kg ／ 鹿児島県 ／ 右投右打

経歴	鹿屋商高-阪急・オリックス（ドラフト外・82〜89引退）-オリックス（97〜04、07〜）

78 二軍監督

NAKAJIMA SATOSHI
中嶋 聡
1969年3月27日(51歳)
182cm・84kg／秋田県／右投右打

| 経歴 | 鷹巣農林高-阪急・オリックス(ドラフト3位・87～97)-西武(98～02)-横浜(03)-日本ハム(04～15引退)/07～15は兼任コーチ)-日本ハム(18)-オリックス(19～) |
| 主なタイトル・記録・表彰 | ベストナイン＜捕手＞(95) ゴールデングラブ賞＜捕手＞(89) [日]最多実働年数29([パ]28) [パ]捕手・シーズン最高守備率1.000(06) |

89 二軍投手コーチ
KOBAYASHI HIROSHI
小林 宏
1970年11月30日(50歳)
183cm・83kg／広島県／右投右打

| 経歴 | 崇徳高-広島経済大-オリックス(ドラフト1位・93～04)-楽天(05引退)-オリックス(09～14、16～) |

71 二軍投手コーチ
KISHIDA MAMORU
岸田 護
1981年5月10日(39歳)
180cm・78kg／大阪府／右投右打

| 経歴 | 履正社高-東北福祉大-NTT西日本-オリックス(社会人ドラフト3巡目・06～19引退)-オリックス(20～) |

79 二軍打撃コーチ
TSUJI RYUTARO
辻 竜太郎
1976年6月8日(44歳)
180cm・78kg／大阪府／右投左打

| 経歴 | 松商学園高-明治大-ヤマハ-オリックス(ドラフト8巡目・02～04)-楽天(05～07)-BCL・信濃(08～14引退)-オリックス(15～) |

83 二軍打撃コーチ
KOYANO EIICHI
小谷野 栄一
1980年10月10日(40歳)
177cm・88kg／東京都／右投右打

| 経歴 | 創価高-創価大-日本ハム(ドラフト5巡目・03～14)-オリックス(15～18引退)-楽天(19)-オリックス(20～) |
| 主なタイトル・記録・表彰 | 打点王(10) ベストナイン＜三塁手＞(10) ゴールデングラブ賞＜三塁手＞(9、10、12) |

85 二軍内野守備・走塁コーチ
TAKAGUCHI TAKAYUKI
高口 隆行
1983年8月23日(37歳)
180cm・83kg／東京都／右投右打

| 経歴 | 創価高-創価大学-日本ハム(ドラフト6巡目・06～10)-ロッテ(11)-巨人(12～13引退)-オリックス(20～) |

86 二軍外野守備・走塁コーチ
YOSHIDA SHINTARO
由田 慎太郎
1981年7月20日(39歳)
175cm・75kg／石川県／左投左打

| 経歴 | 桐蔭学園高-早稲田大-オリックス(ドラフト8巡目・04～12引退)-オリックス(20～) |

87 二軍バッテリーコーチ
SAITOH TOSHIO
齋藤 俊雄
1983年12月23日(37歳)
180cm・85kg／愛知県／右投右打

| 経歴 | 豊田大谷高-三菱自動車岡崎-横浜(ドラフト10位・05～09)-ロッテ(10)-オリックス(11～16引退)-オリックス(18～) |

70 育成統括コーチ
MIWA TAKASHI
三輪 隆
1969年12月1日(51歳)
179cm・88kg／千葉県／右投右打

| 経歴 | 関東第一高-明治大-神戸製鋼-オリックス(ドラフト2位・94～04引退)-オリックス(05～10)-楽天(11～14)-オリックス(16～) |
| 主なタイトル・記録・表彰 | [パ]捕手・シーズン最高守備率 1.000(97) |

80 育成コーチ
SAKAI TSUTOMU
酒井 勉
1963年6月27日(57歳)
181cm・74kg／千葉県／右投右打

| 経歴 | 東海大付属浦安高-東海大-日立製作所-オリックス(ドラフト1位・89～96引退)-オリックス(01～03、08～10)-楽天(12～15)-オリックス(16～) |
| 主なタイトル・記録・表彰 | 新人王(89) |

パフォーマンスコーチ兼コーチングディレクター
NAKAGAKI SEIICHIRO
中垣 征一郎
1970年1月18日(50歳)
176cm・71kg／東京都

| 経歴 | 狛江高-筑波大／【コーチ歴】日本ハム(13～16)-オリックス(20～) |

84 野手コーチ補佐
SUZUKI KOHEI
鈴木 昂平
1991年6月20日(29歳)
175cm・77kg／東京都／右投右打

| 経歴 | 東海大菅生高-東海大-三菱重工名古屋-オリックス(ドラフト7巡目・16～19引退)-オリックス(20～) |

29

記録に挑む
Challenge the record

これまで汗と泥にまみれ、一つひとつ積み上げてきた結果が大記録へとつながり、
2020年シーズンも数々の記録達成が予想される。
今シーズン、記録に挑む候補選手たちを紹介しよう。

B ディクソン

1000 投球回

現在	856回2/3
達成まで	143回1/3
初登板	2013.3.31 vs.ロッテ3回戦（QVCマリン）

B 増井 浩俊

600 試合登板

現在	518試合登板
達成まで	82試合登板
初登板	2010.4.9 vs.ソフトバンク4回戦（ヤフードーム）

200 セーブ

現在	163セーブ
達成まで	37セーブ
初セーブ	2012.5.6 vs.オリックス9回戦（札幌ドーム）

200 ホールド

現在	152ホールド
達成まで	48ホールド
初ホールド	2011.4.15 vs.ロッテ1回戦（札幌ドーム）

B 山崎 勝己

1000 試合

現在	941試合
達成まで	59試合
初出場	2005.8.7 vs.楽天16回戦（フルスタ宮城）

200 犠打

現在	153犠打
達成まで	47犠打
初犠打	2006.4.23 vs.オリックス6回戦（大阪ドーム）

B 安達 了一

1000 試合

現在	886試合
達成まで	114試合
初出場	2012.5.12 vs.楽天8回戦（京セラドーム大阪）

200 犠打

現在	190犠打
達成まで	10犠打
初犠打	2012.5.31 vs.中日2回戦（ナゴヤドーム）

B T-岡田

200 本塁打

現在	170本塁打
達成まで	30本塁打
初本塁打	2009.8.14 vs.ソフトバンク15回戦（スカイマーク）

B 吉田 正尚

100 本塁打

現在	77本塁打
達成まで	23本塁打
初本塁打	2016.8.18 vs.日本ハム18[（札幌ドーム）

PITCHER
投手

若手の台頭目覚ましい投手陣。何よりも、このチームの投手には勢いがある。

昨季は、最高勝率と最優秀防御率のタイトル獲得者が先発投手陣のなかから生まれた。

そのことがチーム全体の成績に反映されなかったことがいかにも口惜しい。

必要なのは、先発、救援の絶妙なるバランス。それら双方がお互いを補完し、

刺激する関係であることが重要なのだ。この関係の図式はまた、

若手と経験値の高い中堅、ベテラン組にも当てはまる。

チームを支えるベースはディフェンス力。投手王国再建に向け、

面子はそろった。多士済々の顔ぶれが頼もしい。

11	山﨑 福也	46	本田 仁海
14	吉田 一将	47	海田 智行
15	荒西 祐大	48	齋藤 綱記
17	増井 浩俊	49	澤田 圭佑
18	山本 由伸	57	山田 修義
19	山岡 泰輔	58	金田 和之
20	近藤 大亮	60	左澤 優
21	竹安 大知	61	榊原 翼
26	東明 大貴	65	漆原 大晟
27	アンドリュー・アルバース	66	吉田 凌
28	富山 凌雅	68	鈴木 優
29	田嶋 大樹	95	神戸 文也
30	K-鈴木	98	張 奕
32	ブランドン・ディクソン	124	黒木 優太
35	比嘉 幹貴	128	東 晃平
39	小林 慶祐	135	山﨑 颯一郎

11

YAMASAKI SACHIYA
山﨑 福也

1992年9月9日（28歳）／188cm・97kg／B型／左投左打／6年目／
埼玉県／日本大学第三高-明治大-オリックス（ドラフト1巡目・15〜）

［初登板］2015.3.29（西武プリンス）対西武3回戦　先発（2回1/3）
［初勝利］2015.6.5（ナゴヤドーム）対中日1回戦　先発（5回0/3）
［初完封］2017.7.10（京セラドーム大阪）対日本ハム12回戦

覚醒なるか! 期待の左腕

　先発、中継ぎの両方を経験した昨季は登板数においてキャリアハイをマーク。ただ本人が求めるのは投球の内容だ。このオフは昨年から継続してフィジカル強化をテーマに取り組んできた。「先発で投げたい」とは本音だが、ポジションを問わず、任された役割をしっかり全うするつもりだ。左腕から繰り出される縦割れの大きなカーブは山﨑の最大の武器。6年目となる今季は背番号を「11」に変え、気分も新たにスタートを切る。自身3つめとなる背番号で何としてもポテンシャルを開花させたい。そして自己ベストの数字を!

■ 公式戦個人年度別成績

年度	所属球団	試合	勝利	敗戦	セーブ	投球回数	自責点	防御率
2015	オリックス	17	3	6	0	57 2/3	29	4.53
2016	オリックス	17	3	2	0	61 1/3	25	3.67
2017	オリックス	15	2	5	0	45	22	4.40
2018	オリックス	7	0	1	0	17 2/3	9	4.58
2019	オリックス	36	2	3	0	54	27	4.50
通算	5年	92	10	17	0	235 2/3	112	4.28

■ 二軍公式戦個人年度別成績

年度	所属球団	試合	勝利	敗戦	セーブ	投球回数	自責点	防御率
2015	オリックス	10	2	4	0	56 1/3	17	2.72
2016	オリックス	6	1	2	0	36	11	2.75
2017	オリックス	11	3	5	0	48 2/3	21	3.88
2018	オリックス	12	1	5	0	59 1/3	22	3.34
2019	オリックス	3	0	0	0	11	1	0.82
通算	5年	42	7	16	0	211 1/3	72	3.07

精一杯頑張ります
今シーズンも
応援よろしくお願いします

Yamasaki's Q&A

①ありのままの自分②さちや⑤映画⑥肉⑦赤⑧クリス・ハート⑨やさしい人⑭頑張ろう!!⑮1年間一軍

14

YOSHIDA KAZUMASA

吉田 一将

1989年9月24日（31歳）／191cm・95kg／A型／右投左打
7年目／奈良県／青森山田高-日本大-JR東日本-オリックス（ドラフト1巡目・14〜）

[初登板] 2014.4.6（京セラドーム大阪）対西武3回戦　先発（4回2/3）
[初勝利] 2014.4.20（西武ドーム）対西武6回戦　先発（5回2/3）
[初完封] 2017.9.29（ZOZOマリン）対ロッテ24回戦
[初セーブ] 2016.4.19（東京ドーム）対楽天3回戦

勝ちパターンのワンピース

　長身からの角度あるストレートと落差の大きなフォークが最大の武器。勝利の方程式の一角として期待されるも、昨季はやや安定感に欠ける投球が目についた。「責任を感じている」とそこは本人も自覚するところ。「中継ぎならば最低でも50試合を目標とし、そこから登板数を増やしたい」と決意を口にする。先発としての能力の高さも誰もが認めるところであるが、今季は中継ぎとしての起用が主となるであろう。昨季は最後まで固定できなかった8回を投げるセットアップマンの有力候補。心優しいドラ1右腕にかかる期待は大きい。

■ 公式戦個人年度別成績

年度	所属球団	試合	勝利	敗戦	セーブ	投球回数	自責点	防御率
2014	オリックス	15	5	6	0	75 2/3	32	3.81
2015	オリックス	14	1	5	0	42 2/3	25	5.27
2016	オリックス	54	5	2	1	50 2/3	15	2.66
2017	オリックス	29	2	1	0	43	13	2.72
2018	オリックス	58	3	4	0	56 1/3	24	3.83
2019	オリックス	33	1	1	0	37 2/3	17	4.06
通算	6年	203	17	19	1	306	126	3.71

■ 二軍公式戦個人年度別成績

年度	所属球団	試合	勝利	敗戦	セーブ	投球回数	自責点	防御率
2014	オリックス	9	4	2	0	51	16	2.82
2015	オリックス	8	2	2	1	34 2/3	7	1.82
2016	オリックス	3	1	1	0	9	1	1.00
2017	オリックス	13	1	3	0	33 1/3	11	2.97
2018	オリックス	6	2	1	1	17	3	1.59
2019	オリックス	18	3	2	0	33 1/3	11	2.97
通算	6年	57	13	11	2	178 1/3	49	2.47

熱い声援お願いします

Yoshida's Q&A

①首の長さ②キリン④虫⑤犬⑥肉全般⑦緑⑧Linkin Park⑬鶴橋⑭諦めずに頑張れ!!⑮優勝

15

ARANISHI YUDAI
荒西 祐大

1992年8月25日(28歳)／178cm・88kg／B型／右投右打／
2年目／熊本県／玉名工高-Honda熊本-オリックス(ドラフト3
巡目・19～)

[初登板] 2019.4.16(京セラドーム大阪)対日本ハム4回戦　9回より救援完了(1回)
[初勝利] 2019.6.22(マツダスタジアム)対広島2回戦　先発(5回1/3)

2年目の飛躍を誓う

　ルーキーイヤー前半はなかなか本来の力を発揮できずにいた
ものの、プロの水に馴染んだシーズン後半は徐々に力を発揮。
「自分の持ち味は強気の投球」との本人の言葉通り、強力打線
の埼玉西武や福岡ソフトバンクに臆することなく立ち向かっていっ
た。オフには緩いカーブの習得にも挑戦。2年目の更なる攻め
の投球が楽しみだ。

今シーズンも強気あふれる投球で
相手をねじふせます
応援よろしくお願いします

Aranishi's Q&A

①強気の投球②荒西③ゲーム④早起き⑤ドラマ⑥肉⑦赤
⑧WANIMA⑨岡崎紗絵⑩佐藤達也さん⑪野球着⑫短
距離タクシー⑬舞洲の海⑭努力⑮2桁勝利

■ 公式戦個人年度別成績

年度	所属球団	試合	勝利	敗戦	セーブ	投球回数	自責点	防御率
2019	オリックス	13	1	4	0	51 2/3	32	5.57
通算	1年	13	1	4	0	51 2/3	32	5.57

■ 二軍公式戦個人年度別成績

年度	所属球団	試合	勝利	敗戦	セーブ	投球回数	自責点	防御率
2019	オリックス	19	3	4	1	45	13	2.60
通算	1年	19	3	4	1	45	13	2.60

17

MASUI HIROTOSHI

増井 浩俊

1984年6月26日(36歳)／181cm・77kg／A型／右投右打／
11年目／静岡県／静岡高-駒沢大-東芝-日本ハム(ドラフト5巡
目・10〜17)-オリックス(18〜)

[初登板] 2010.4.9(ヤフードーム)対ソフトバンク4回戦　先発(6回)
[初勝利] 2010.4.27(札幌ドーム)対オリックス6回戦　先発(7回)
[初完封] 2016.9.1(東京ドーム)対楽天19回戦
[初セーブ] 2012.5.6(札幌ドーム)対オリックス9回戦

≪タイトル≫ 最優秀中継ぎ投手(12)
≪記 録≫ 〔パ〕シーズン最多ホールド　45(12)
　　　　　〔パ〕シーズン最多ホールドポイント　50(12)

守護神の座、奪還へ!

　絶対的守護神の信じ難い乱調、不振だった。周囲の
驚きは当然のことながら、最もその"異変"に納得できず、
ジレンマを抱えたのは当の本人だったはず。自分の意図
したボールが投げられないつらさはいかばかりのものだっ
たか。その道のエキスパートが、自らの専門分野で力を
発揮できなかったのだから。「今季は初心に立ち返って、
本来の強いストレートで押せるよう、体のキレとスピードを
強化したい」と前を向く。セーブとホールドの150&150
はリリーバーとして誰にも負けない勲章。目指すは、守
護神の座の奪還、9回のマウンドだ!

■ 公式戦個人年度別成績

年度	所属球団	試合	勝利	敗戦	セーブ	投球回数	自責点	防御率
2010	日本ハム	13	3	4	0	60	29	4.35
2011	日本ハム	56	0	4	0	53 2/3	11	1.84
2012	日本ハム	73	5	5	7	71 2/3	22	2.76
2013	日本ハム	66	4	4	4	63	26	3.71
2014	日本ハム	56	5	6	23	58	16	2.48
2015	日本ハム	56	0	1	39	60	10	1.50
2016	日本ハム	30	10	3	10	81	22	2.44
2017	日本ハム	52	6	1	27	52 2/3	14	2.39
2018	オリックス	63	2	5	35	65	18	2.49
2019	オリックス	53	1	4	18	50 1/3	27	4.83
通算	10年	518	36	37	163	615 1/3	195	2.85

■ 二軍公式戦個人年度別成績

年度	所属球団	試合	勝利	敗戦	セーブ	投球回数	自責点	防御率
2010	日本ハム	6	1	1	0	24 2/3	9	3.28
2011	日本ハム	1	0	0	0	1	0	0.00
2016	日本ハム	7	0	1	0	15	5	3.00
2019	オリックス	2	0	0	0	2	0	0.00
通算	4年	16	1	2	0	42 2/3	14	2.95

頑張ります!
応援してください

Masui's Q&A

①全力投球②まっす〜③千鳥④カエル⑤いい香りのする
もの⑥タピオカミルクティー⑦黄緑⑧エド・シーラン⑨僕の
ペースを乱さないでくれる人⑩松本人志さん⑪ベルルッティ
⑫神戸牛⑬リンクス梅田⑭全力プレー⑮オリの守護神

"最強"

.1

18

YAMAMOTO YOSHINOBU
山本 由伸

1998年8月17日（22歳）／178cm・80kg／AB型／右投右打／
4年目／岡山県／都城高-オリックス（ドラフト4巡目・17〜）

[初登板] 2017.8.20（京セラドーム大阪）対ロッテ19回戦　先発（5回）
[初勝利] 2017.8.31（ZOZOマリン）対ロッテ22回戦　先発（5回）
[初完封] 2019.6.28（メットライフ）対西武10回戦
[初セーブ] 2018.5.1（京セラドーム大阪）対西武4回戦

≪タイトル≫ 最優秀防御率（19）

「18」番を背に、真のエースへ!

　念願かなった先発転向で、最優秀防御率のタイトル獲
得という輝かしい"オマケ"まで付けて、結果を示して見
せた。打線との兼ね合いで勝ち星こそ、思うほど伸びな
かったものの、今や"絶滅危惧種"とも言うべき防御率1
点台は15勝にも値すると言っていい。彼のすごみは、
その伸びシロ。カットボール、シュートと毎年、彼にとっ
ての"ミールピッチ（最高の決め球）"が増えるのだから
……。昨秋の侍ジャパンでの活躍で、知名度、人気も
一気に全国区に。新しい背番号「18」で臨む今季、真
のエースに向けて、着実に歩を前に進める。

■ 公式戦個人年度別成績

年度	所属球団	試合	勝利	敗戦	セーブ	投球回数	自責点	防御率
2017	オリックス	5	1	1	0	23 2/3	14	5.32
2018	オリックス	54	4	2	1	53	17	2.89
2019	オリックス	20	8	6	0	143	31	1.95
通算	3年	79	13	9	1	219 2/3	62	2.54

■ 二軍公式戦個人年度別成績

年度	所属球団	試合	勝利	敗戦	セーブ	投球回数	自責点	防御率
2017	オリックス	8	2	0	0	33 2/3	1	0.27
2018	オリックス	6	2	0	0	24	1	0.38
2019	オリックス	1	0	1	0	6	2	3.00
通算	3年	15	4	1	0	63 2/3	4	0.57

いつも優しい応援
ありがとうございます
今シーズンは
熱いシーズンにしましょう!!

Yamamoto's Q&A

①真剣フェイス②ヨシノブ③ウーバーイーツ④ピーマン⑤NET
FLIX⑥イカ⑦多分　赤⑨大人オーラある女性⑪amuy（ア
ミューっていうよくインスタにのせてる服）⑬姫路セントラ
ルパーク⑭野球を愛し、楽しもう!!　⑮いっぱい勝つ!!

勝っ……!!
18

19

YAMAOKA TAISUKE

山岡 泰輔

1995年9月22日(25歳)／172cm・68kg／A型／右投左打／
4年目／広島県／瀬戸内高-東京ガス-オリックス（ドラフト1巡目・
17～）

［初 登 板］2017.4.13（京セラドーム大阪）対ロッテ3回戦　先発（6回0/3）
［初 勝 利］2017.5.28（ZOZOマリン）対ロッテ8回戦　先発（6回）
［初 完 封］2017.8.26（メットライフ）対西武19回戦

《タイトル》最高勝率（19）

勝てる投手がチームをけん引

　初の開幕投手としてスタートを切った昨季は、最高勝
率という先発投手として最高の栄誉に浴すなど充実した
シーズンだった。開幕投手のプライドはタイトル奪取に止
まらず、投手陣の精神的支柱たろうとする彼の姿勢に
色濃く見える。「自分の中で、"貯金"をつくろうと思って
いたので、最高勝率は素直にうれしい。でも、打線に助
けられた試合も。だから、同じ勝率を上げるにしても、"負
けない投手"ではなく"勝てる投手"を目指したい。そして、
今年も開幕戦で！」と決意は固い。昨年は好投演じるも
届かなかった開幕試合での勝ち星。今年こそ！

■ 公式戦個人年度別成績

年度	所属球団	試合	勝利	敗戦	セーブ	投球回数	自責点	防御率
2017	オリックス	24	8	11	0	149 1/3	62	3.74
2018	オリックス	30	7	12	0	146	64	3.95
2019	オリックス	26	13	4	0	170	70	3.71
通算	3年	80	28	27	0	465 1/3	196	3.79

■ 二軍公式戦個人年度別成績

年度	所属球団	試合	勝利	敗戦	セーブ	投球回数	自責点	防御率
2017	オリックス	2	0	1	0	12	2	1.50
2019	オリックス	1	1	0	0	8	1	1.13
通算	2年	3	1	1	0	20	3	1.35

ありがとう

Yamaoka's Q&A

④チョコ、生クリーム、カレー⑤犬⑥オムライス⑦赤⑧AAA
⑨ユニフォームを着てくれる人⑭楽しく⑮優勝

20

KONDOH TAISUKE

近藤 大亮

1991年5月29日(29歳)／177cm・77kg／O型／右投右打／5年目／大阪府／浪速高-大阪商業大-パナソニック-オリックス(ドラフト2巡目・16〜)

[初登板] 2016.3.26(西武プリンス)対西武2回戦　先発(3回)
[初勝利] 2017.8.10(京セラドーム大阪)対西武17回戦　8回より救援(1回)
[初セーブ] 2017.6.2(東京ドーム)対巨人1回戦

豊富なスピン量で勝負

　球速以上の威力を感じさせるストレート。それは彼の投じるボールに回転数が富んでいる証である。スピンの効いたまっすぐこそ、近藤の真骨頂であり、大きな武器だ。昨季は目標だった50試合登板はクリアしたものの、本人はその内容に決して満足していない。「調子の波ですね。その波をなくしてシーズンを通して安定したパフォーマンスを発揮しなければならない」と今季にかける思いは並ではない。プロ5年目、若手が台頭する投手陣の中にあっては、もはやキャリアは中堅。中継ぎ陣のリーダー格として、背中でブルペンをけん引するつもりだ。

■ 公式戦個人年度別成績

年度	所属球団	試合	勝利	敗戦	セーブ	投球回数	自責点	防御率
2016	オリックス	1	0	0	0	3	0	0.00
2017	オリックス	55	1	1	1	55 2/3	19	3.07
2018	オリックス	52	3	3	0	54	20	3.33
2019	オリックス	52	4	6	1	49 2/3	19	3.44
通算	4年	160	8	10	2	162 1/3	58	3.22

■ 二軍公式戦個人年度別成績

年度	所属球団	試合	勝利	敗戦	セーブ	投球回数	自責点	防御率
2016	オリックス	2	0	0	0	1 1/3	1	6.75
2017	オリックス	8	0	0	0	9	0	0.00
2018	オリックス	5	0	0	1	5	1	1.80
2019	オリックス	4	0	0	0	4	1	2.25
通算	4年	19	0	0	1	19 1/3	3	1.40

ともに熱く戦いましょう!

Kondoh's Q&A

①持ち味の打たせて取るピッチング②たいにい、こんちゃん④山田(もう二度とキャッチボールはしません)⑥カキ(海の方)⑦赤⑧TUBE⑨背番号20を着ている人⑪スーツ⑫ミルクティー飲みながらマカロン⑬天王寺動物園⑭常に上へ!!⑮1年フル回転!

力戦奮闘

21

TAKEYASU DAICHI

竹安 大知

1994年9月27日(26歳)／183cm/83kg／O型／右投右打／
5年目／静岡県／伊東商高-熊本ゴールデンラークス-阪神(ドラフト3巡目・16〜18)-オリックス(19〜)

[初登板] 2017.10.5(甲子園)対中日24回戦　7回より救援(1回)
[初勝利] 2017.10.5(甲子園)対中日24回戦　7回より救援(1回)
[初完封] 2019.8.17(京セラドーム大阪)対ロッテ17回戦

制球力で勝負

　移籍1年目はプロ初完封勝利を挙げるなど実りあるものになった。それでも、本人はシーズン序盤と終盤の故障を悔やむ。「先発で20試合以上を投げ、クオリティースタートで試合をつくりたい。そして何よりケガなくシーズンを送りたい」と今季への想いを口にした。生命線である打者の内・外への投げ分け、制球力で勝負する。

■ 公式戦個人年度別成績

年度	所属球団	試合	勝利	敗戦	セーブ	投球回数	自責点	防御率
2017	阪神	1	1	0	0	1	0	0.00
2018	阪神	2	0	0	0	8	2	2.25
2019	オリックス	10	3	2	0	54	27	4.50
通算	3年	13	4	2	0	63	29	4.14

■ 二軍公式戦個人年度別成績

年度	所属球団	試合	勝利	敗戦	セーブ	投球回数	自責点	防御率
2016	阪神	6	0	2	0	7 2/3	9	10.57
2017	阪神	20	5	4	0	78 1/3	24	2.76
2018	阪神	14	6	0	0	34 2/3	5	1.30
2019	オリックス	10	2	1	0	36	8	2.00
通算	4年	50	13	7	0	156 2/3	46	2.64

いつも熱い声援ありがとうございます
チームの勝利に繋がるピッチングをするので
今後とも応援お願いします

Takeyasu's Q&A

①コントロール②竹安③グルメ④小林慶祐選手⑤実家のネコ⑥魚⑦紺⑧コブクロ、DOOR⑨元気な人⑩小林慶祐選手⑪白シャツ、黒スキニー⑫休みの前の日に焼き鳥屋でのハイボールと焼き鳥⑬ハーバーランド⑭ケガなく楽しんで野球をしてください⑮20試合登板

26

TOHMEI DAIKI

東明 大貴

1989年6月15日(31歳)／178cm/77kg／O型／右投右打／
7年目／岐阜県／富田高-桐蔭横浜大-富士重工-オリックス(ドラフト2巡目・14〜)

[初登板] 2014.3.28(札幌ドーム)対日本ハム1回戦　12回より救援完了(0回0/3)
[初勝利] 2014.4.17(ほっと神戸)対日本ハム6回戦　4回より救援(2回1/3)
[初完封] 2015.9.9(西武プリンス)対西武20回戦

とにかく結果を求めて

　故障からの完全復活を目指したシーズンだったが、「最後まで納得のいくボールが投げられなかった」と不本意なものに。ただ、このまま黙っているつもりは毛頭ない。台頭する若手に勝負を挑み、自らの地位を勝ち取るつもりだ。先発にこだわりは持ちながらも、リリーフもいとわない。与えられたポジションで、しっかりと結果を出す！

応援ありがとうございます
球場でお会いしましょう
頑張ります

Tohmei's Q&A

①実は奥二重②トーメー（呼びすてされたらビビるけど）③人のイヤな所を探す④静電気⑤良いにおいがふとする時⑥家系ラーメン⑦赤⑧宗が廊下で歌うHY⑨ガッキー⑩親父⑪YABAIYO Tシャツとパーカー⑫コストコの試食でおなかいっぱいにする⑬トニーローマ⑭今できる事を全力で⑮1年間投げ続ける

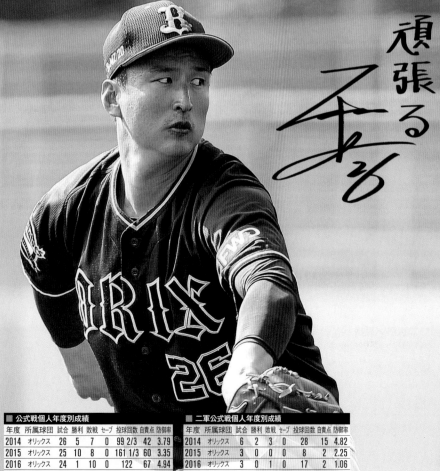

■ 公式戦個人年度別成績

年度	所属球団	試合	勝利	敗戦	セーブ	投球回数	自責点	防御率
2014	オリックス	26	6	7	0	99 2/3	42	3.79
2015	オリックス	25	10	8	0	161 1/3	60	3.35
2016	オリックス	24	1	10	0	122	67	4.94
2017	オリックス	3	0	0	0	13	6	4.15
2018	オリックス	7	1	4	0	39 2/3	10	2.27
2019	オリックス	7	1	1	0	19	15	7.11
通算	6年	92	18	30	0	454 2/3	200	3.96

■ 二軍公式戦個人年度別成績

年度	所属球団	試合	勝利	敗戦	セーブ	投球回数	自責点	防御率
2014	オリックス	6	2	3	0	28	15	4.82
2015	オリックス	3	0	0	0	8	2	2.25
2016	オリックス	3	0	1	0	17	2	1.06
2017	オリックス	9	1	2	2	43 2/3	8	1.65
2018	オリックス	12	1	6	0	65 2/3	25	3.43
2019	オリックス	20	0	1	0	30	5	1.50
通算	6年	53	4	13	2	192 1/3	57	2.67

27

ANDREW ALBERS
アンドリュー・アルバース

1985年10月6日(35歳)／185cm・91kg／左投右打／3年目／カナダ／ジョン・ポール・セカンド高-ケンタッキー大-パドレス(ドラフト10位・09)・キャピタルズ(10)・ツインズ(11〜14)・ハンファイーグルス(14)・ブルージェイズ(15)・バーンストーマーズ(16)・ツインズ(16)・ブレーブス(16〜17)・マリナーズ(17)・オリックス(18〜)

[初登板] 2018.4.4(京セラドーム大阪)対ロッテ2回戦　先発(6回)
[初勝利] 2018.4.4(京セラドーム大阪)対ロッテ2回戦　先発(6回)

背水の覚悟で結果を

　腰の故障もあって、本来の投球をまったく披露できないまま終わってしまった昨季。テンポ良く、相手打者のタイミングを巧みに外すピッチングはよみがえるのか。外国人選手間の競争も激化した今季、助っ人左腕の地位も決して安泰とは言えない。背水の覚悟が求められる3年目。欲しいのは結果、来日当初のような投球が見たい。

■ 公式戦個人年度別成績

年度	所属球団	試合	勝利	敗戦	セーブ	投球回数	自責点	防御率
2018	オリックス	19	9	2	0	114	39	3.08
2019	オリックス	13	2	6	0	63 1/3	41	5.83
通算	2年	32	11	8	0	177 1/3	80	4.06

■ 二軍公式戦個人年度別成績

年度	所属球団	試合	勝利	敗戦	セーブ	投球回数	自責点	防御率
2018	オリックス	2	2	0	0	14 1/3	2	1.26
2019	オリックス	3	0	1	0	20	4	1.80
通算	2年	5	2	1	0	34 1/3	6	1.57

昨年は厳しいシーズンにもかかわらずチームをサポートしていただきありがとうございました
今シーズンもまたみなさまの前でプレーをし、昨年よりも良いシーズンにすることを楽しみにしています
バファローズファンが大好きです
みなさまが好意的でとても支えになっています
Go Buffaloes！

Albers's Q&A

①知力とメンタルの強さ②ドリュー、先生③ゲーム④芸術的なもの。特に絵を描くこと⑤休息と祈り⑥ステーキ⑦ブルー⑧特には無く、それぞれに好きものがある⑨親切で知性があり、寛大でおおらかな女性⑩大学時代の投手コーチのゲイリー・ヘンダーソン⑪lululemon⑫新しいビデオゲーム⑬Zenステーキハウス⑭根気とハードな練習があなたを成功に導く。プレーしていない時も試合に集中していること⑮健康な体に戻り、バファローズの勝利に大きく貢献すること

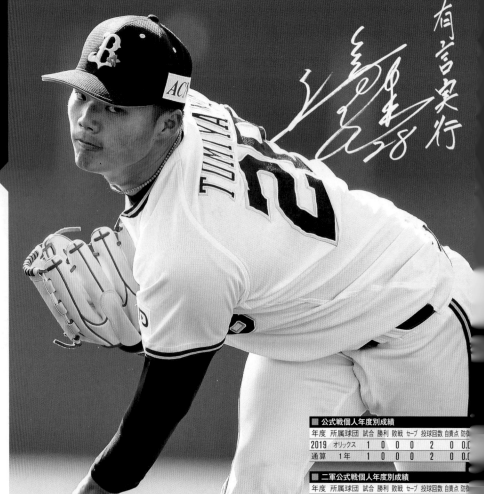

28

TOMIYAMA RYOGA
富山 凌雅

1997年5月3日(23歳)／178cm・84kg／AB型／左投左打／2年目／和歌山県／九州国際大付高-トヨタ自動車-オリックス(ドラフト4巡目・19〜)

[初登板] 2019.9.26(札幌ドーム)対日本ハム24回戦　7回より救援完了(2回)

一軍定着のシーズンに

　即戦力として期待されたルーキーイヤーは、故障もあってなかなか思うような投球ができないまま過ぎていった。ただ、ファームで体づくりに当てた時間は決して無駄ではなかったはず。オフの期間は主に下半身強化に励んできた。2年目の今季こそ、好不調の波を極力抑え、その主戦場を一軍に移したい。

いつも熱い声援
ありがとうございます

Tomiyama's Q&A

①力強い投球②TOMMY③ゴルフ④アボカド⑤犬、家族、兄弟⑥煮込みハンバーグ⑦赤、黄、ピンク⑧AAA、コブクロ⑨黒木メイサ⑩金田正一さん⑪TOMMY HILFIGER⑫ちょっと豪華な晩飯(うなぎ、ステーキ)⑬牛や たん平⑭自分を信じて頑張れ⑮新人王、40試合登板

■ 公式戦個人年度別成績

年度	所属球団	試合	勝利	敗戦	セーブ	投球回数	自責点	防御
2019	オリックス	1	0	0	0	2	0	0.0
通算	1年	1	0	0	0	2	0	0.0

■ 二軍公式戦個人年度別成績

年度	所属球団	試合	勝利	敗戦	セーブ	投球回数	自責点	防御
2019	オリックス	14	4	2	0	24	8	3.
通算	1年	14	4	2	0	24	8	3.

29

TAJIMA DAIKI

田嶋 大樹

1996年8月3日（24歳）／182cm・80kg／A型／左投左打／3年目／栃木県／佐野日大高-JR東日本-オリックス（ドラフト1巡目・18〜）

［初登板］2018.3.31（ヤフオクドーム）対ソフトバンク2回戦　先発（5回）
［初勝利］2018.3.31（ヤフオクドーム）対ソフトバンク2回戦　先発（5回）

3年目の飛躍を期して！

　期待されながら、ここ2シーズンは故障などで不本意な結果に終わってしまった。ドラ1左腕の有するポテンシャルの高さは何人も異論を唱える余地はない。「今季はこれまでを無駄にしないよう、野球漬けで！」と覚悟を口にした。野球と真撃に向き合い、技術面のみならず精神面も鍛えて臨む3年目。飛躍の予感しかない。

ファンのみなさんへ恩返しできるようがんばります

Tajima's Q&A

②タジ（タージ）③観葉植物⑤山、森、木を見ること⑥チーズ⑦オレンジ、みどり⑧Never Change、エキセントリック⑨ショートカット（ボブ）⑩ワンパンマン⑫セブンのデザート⑬六甲山⑭野球を楽しんでください⑮できることを1つずつ。それを積み重ねる

■ 公式戦個人年度別成績

年度	所属球団	試合	勝利	敗戦	セーブ	投球回数	自責点	防御率
2018	オリックス	12	6	3	0	68 2/3	31	4.06
2019	オリックス	10	3	4	0	49 2/3	19	3.44
通算	2年	22	9	7	0	118 1/3	50	3.80

■ 二軍公式戦個人年度別成績

年度	所属球団	試合	勝利	敗戦	セーブ	投球回数	自責点	防御率
2018	オリックス	1	0	0	0	3	0	0.00
2019	オリックス	7	1	3	0	25	9	3.24
通算	2年	8	1	3	0	28	9	2.89

30

K-SUZUKI

K- 鈴木

1994年1月21日（26歳）／186cm・88kg／A型／右投右打／3年目／千葉県／千葉明徳高-国際武道大-日立製作所-オリックス（ドラフト2巡目・18〜）

［初登板］2018.5.19（ほっと神戸）対西武7回戦　8回より救援（1回）
［初勝利］2019.5.18（京セラドーム大阪）対西武8回戦　先発（5回2/3）

ローテ定着で規定投球回到達へ

　昨季はプロ初勝利を挙げるなど、収穫は多かった。ならば、今季はさらなる上積みを期待してしまうのは当然のこと。「持ち味のストレートを磨き、変化球の精度も挙げたい。そして、先発として長いイニングを！」と口にした。「先発投手なら7回は投げる！」が持論。目標はローテーション定着と規定投球回到達だ。

■ 公式戦個人年度別成績

年度	所属球団	試合	勝利	敗戦	セーブ	投球回数	自責点	防御率
2018	オリックス	4	0	0	0	7 1/3	7	8.59
2019	オリックス	19	4	6	0	102 1/3	49	4.31
通算	2年	23	4	6	0	109 2/3	56	4.60

■ 二軍公式戦個人年度別成績

年度	所属球団	試合	勝利	敗戦	セーブ	投球回数	自責点	防御率
2018	オリックス	26	3	4	0	88 1/3	28	2.85
2019	オリックス	5	1	1	0	35	3	0.77
通算	2年	31	4	5	0	123 1/3	31	2.26

ファンのみなさまの応援が選手一人ひとりに力を与えてくれますこれからも熱い熱い応援をよろしくお願いします

K-Suzuki's Q&A

①2ストライクに追い込んでからの球②K!! ③ゴルフ、ダーツ④冬⑤家でゆっくり見る映画⑥甘いもの⑦黒、赤、白⑧AK-69、AAA⑨肉つきの良い女性⑩両親⑪シンプルな服⑫好きな物をいっぱい食べる、欲しい物を買う⑬動物園⑭練習、食事、練習、食事、しっかり寝る事⑮チームが優勝、10勝（自分自身）

32

BRANDON DICKSON

ブランドン・ディクソン

1984年11月3日（36歳）／195cm・84kg／右投右打／8年目／
アメリカ／マーベリー高-セントラル・アラバマ短期大-タスカラム大-
セントルイス・カージナルス（06〜12）-オリックス（13〜）

[初登板] 2013.3.31（QVCマリン）対ロッテ3回戦　先発（7回）
[初勝利] 2013.3.31（QVCマリン）対ロッテ3回戦　先発（7回）
[初完封] 2014.3.29（札幌ドーム）対日本ハム2回戦
[初セーブ] 2019.6.19（東京ドーム）対巨人2回戦

≪記録≫ [日][パ]イニング最多奪三振4（2018.7.8）

目指すは日本人扱いとなる国内FA

　日本を、チームをこよなく愛する心優しい親日家。故障が癒えた後は先発要員として復帰の予定も、チーム事情で急遽9回のマウンドを任された。キャリア初のクローザーにも動じることはなく、マークしたセーブは18個。「良い経験ができた。楽しかった」と本人はいたってクールに振り返るが、オフに開催されたプレミア12ではアメリカ代表のメンバーに入り、そこでも守護神役を任された。今季の役割に関しては不透明だが、自身のポジションにこだわりはない。来日8年目、当面の目標は日本人扱い、つまりは来季のFA権の取得ということになる。

■ 公式戦個人年度別成績

年度	所属球団	試合	勝利	敗戦	セーブ	投球回数	自責点	防御率
2013	オリックス	23	8	8	0	130	40	2.77
2014	オリックス	26	9	10	0	154	57	3.33
2015	オリックス	20	9	9	0	130 2/3	36	2.48
2016	オリックス	27	9	11	0	171 1/3	83	4.36
2017	オリックス	25	8	9	0	136	49	3.24
2018	オリックス	18	4	6	0	99	39	3.55
2019	オリックス	37	2	1	18	35 2/3	12	3.03
通算	7年	176	49	54	18	856 2/3	316	3.32

■ 二軍公式戦個人年度別成績

年度	所属球団	試合	勝利	敗戦	セーブ	投球回数	自責点	防御率
2013	オリックス	2	0	0	0	5	1	1.80
2014	オリックス	1	0	0	0	2	0	0.00
2017	オリックス	1	0	1	0	5	2	3.60
2018	オリックス	3	0	1	0	23	3	1.17
2019	オリックス	2	0	0	0	3	1	3.00
通算	5年	9	0	2	0	38	7	1.66

今年こそクライマックスにいきます
それには今まで以上の
バファローズファンの支援が必要です
大きな力を貸してください
ともに戦いましょう!!

Dickson's Q&A

①プレッシャーのかかる場面でも冷静でいられること②青い目のムライ③ハンティング④会話（寡黙な人だから）⑤妻と子ども⑥神ビーフ⑦カモフラージュ（迷彩）⑧RileyGreen⑨妻（美しくて愛あり、親切な心を持ち、素晴らしい母である）⑩父⑪lululemon⑫ビデオゲームで遊ぶ⑬Zenステーキ⑭野球は厳しく過酷なスポーツです。だから小さな時から努力する習慣を身につけ、それが末長い野球人生をもたらしてくれるよ⑮チームとファンの為に①勝利をもたらせるよう努力します。このチームは良い結果を待てるので、そこに向けて全力で準備をします

35

HIGA MOTOKI

比嘉 幹貴

1982年12月7日（38歳）／177cm・77kg／A型／右投右打／11年目／沖縄県／コザ高-国際武道大-日立製作所-オリックス（ドラフト2巡目・10〜）

［初 登 板］2010.8.13（西武ドーム）対西武16回戦　7回より救援（1/3回）
［初 勝 利］2010.9.4（スカイマーク）対ソフトバンク23回戦　5回より救援（1回1/3）
［初セーブ］2018.8.4（ヤフオクドーム）対ソフトバンク14回戦

貴重なサイドハンドリリーバー

　若手が多い投手陣の中ではリーダー的存在だ。若い選手がのびのびプレーできる雰囲気づくりに心を砕くが、まだまだ後輩には負けられない。相手打者の目先を変えるサイドハンド右腕は貴重な存在。特に、強打の外国人選手に対する強みは何とも心強い限りである。「昨季は悔しい思いしかない。良い時期と悪い時期がはっきりしすぎた。とにかく今季は、好・不調の波をなくしたい」とコンスタントな活躍を誓った。ホークスを追い詰めた2014年のような投球を今一度見せてほしい。ブルペン陣のみならず投手陣のリーダーが若いチームをけん引する。

■ 公式戦個人年度別成績

年度	所属球団	試合	勝利	敗戦	セーブ	投球回数	自責点	防御率
2010	オリックス	24	2	1	0	21 2/3	3	1.25
2011	オリックス	23	0	0	0	22 2/3	18	7.15
2012	オリックス	12	1	0	0	10	2	1.80
2013	オリックス	59	4	3	0	59 1/3	14	2.12
2014	オリックス	62	7	1	0	56 2/3	5	0.79
2015	オリックス	8	0	0	0	5	9	16.20
2016	オリックス	16	1	1	0	9 1/3	5	4.82
2017	オリックス	8	0	1	0	8 1/3	3	3.24
2018	オリックス	43	0	2	1	35 1/3	8	2.04
2019	オリックス	45	3	2	0	33 1/3	17	4.59
通算	10年	300	18	11	2	261 2/3	84	2.89

■ 二軍公式戦個人年度別成績

年度	所属球団	試合	勝利	敗戦	セーブ	投球回数	自責点	防御率
2010	オリックス	4	1	0	0	4	1	2.25
2011	オリックス	15	0	0	0	13 2/3	5	3.29
2012	オリックス	9	0	0	0	10	4	3.60
2013	オリックス	6	0	0	0	5	0	0.00
2014	オリックス	1	0	0	0	1	0	0.00
2015	オリックス	6	0	1	0	6	5	7.50
2016	オリックス	21	0	2	2	20 2/3	7	3.05
2017	オリックス	43	3	1	2	35 1/3	4	1.02
2018	オリックス	12	0	0	1	12	1	0.75
2019	オリックス	4	0	0	0	2 2/3	0	0.00
通算	10年	121	4	5	6	110 1/3	27	2.20

いつも熱い声援ありがとうございます
今シーズンもよろしくお願いします

Higa's Q&A

②比嘉③温泉④しいたけ⑤サウナ⑥オムライス⑦赤⑧あいみょん⑨清楚な人⑫ミスド⑬UMIE⑭頑張れ⑮頑張る

躍動
35

39

KOBAYASHI KEISUKE
小林 慶祐

1992年11月2日(28歳)／187cm・86kg／B型／右投右打／4年目／千葉県／八千代松陰高-東京情報大-日本生命-オリックス(ドラフト5巡目・17～)

[初登板] 2017.5.13(京セラドーム大阪)対西武7回戦　7回より救援(1回)
[初勝利] 2017.5.31(京セラドーム大阪)対ヤクルト2回戦　10回より救援完了(1回)

勝負をかける長身右腕

　長身からの真っすぐ、フォークは威力十分。彼が投げる1球1球のボールには素晴らしいものがある。それがピッチングにつながらないところが口惜しい。「力みのないフォームを固めてムラをなくしたい。とにかく結果を」と意を決する。大学、社会人を経ての入団で、もはや中堅。4年目のシーズンに勝負をかける。

■ 公式戦個人年度別成績

年度	所属球団	試合	勝利	敗戦	セーブ	投球回数	自責点	防御率
2017	オリックス	35	2	1	0	40 2/3	18	3.98
2018	オリックス	7	0	0	0	9	11	11.00
2019	オリックス	20	0	2	0	17 1/3	11	5.71
通算	3年	62	2	3	0	67	40	5.37

■ 二軍公式戦個人年度別成績

年度	所属球団	試合	勝利	敗戦	セーブ	投球回数	自責点	防御率
2017	オリックス	19	2	0	1	17 1/3	5	2.60
2018	オリックス	12	0	4	0	43 1/3	26	5.40
2019	オリックス	17	2	2	0	35	16	4.11
通算	3年	48	4	6	1	95 2/3	47	4.42

いつも熱いご声援ありがとうございます
頂点目指して頑張ります

Kobayashi's Q&A

①身長②コバ④ゴルフ⑥キュウリ⑦黒、赤、黄⑧AAA⑪シンプル⑮勝利に貢献

46

HONDA HITOMI
本田 仁海

1999年7月27日(21歳)／181cm・74kg／A型／右投左打／3年目／神奈川県／星槎国際高湘南-オリックス(ドラフト4巡目・18～)

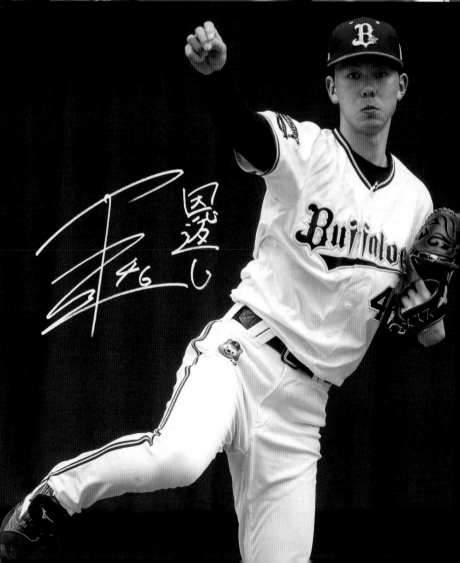

なるか一軍デビュー!

　右ひじの故障が癒え、支配下に再登録された期待の右腕。キレ、伸びともに申し分ないストレートは魅力いっぱい。「正直、真似ています!」と笑う投球フォームは山本由伸バリのもの。オフは投球の幅を広げるために緩いカーブの習得にも取り組んだ。"由伸二世"の期待がかかるプロスペクトの一軍デビューが楽しみでならない。

■ 二軍公式戦個人年度別成績

年度	所属球団	試合	勝利	敗戦	セーブ	投球回数	自責点	防御率
2018	オリックス	5	0	2	0	15 2/3	8	4.60
2019	オリックス	17	2	4	2	57	15	2.37
通算	2年	22	2	6	2	72 2/3	23	2.85

これからもよろしくお願いします!

Honda's Q&A

①制球力②ひとみん③スニーカー⑤お風呂⑥いちご⑦赤⑧清水翔太⑨優しい人⑩荒西さん⑪ストレート⑫プリン⑬ユニバーサル・スタジオ・ジャパン⑭やればできる!!⑮一軍登板!

47

KAIDA TOMOYUKI
海田 智行

1987年9月2日（33歳）／179cm・81kg／B型／左投左打／9年目／
広島県／賀茂高-駒沢大-日本生命-オリックス（ドラフト4巡目・12〜）

[初登板] 2012.4.1（ヤフードーム）対ソフトバンク3回戦　8回より救援（0/3回）
[初勝利] 2013.4.17（西武ドーム）対西武5回戦　先発（6回）

貴重な左のリリーバー

　連投も、回跨ぎもいとわない貴重なレフティーのリリー
バー。勝負を決めるような痺れる場面も涼しい顔して片
づけるところもまた、彼の魅力のひとつ。左ひじ手術後
は、意のままにならない投球に苦しんだ時期もないわけ
ではなかった。それでも、野球と自分に強い意志を持っ
て向き合うことで、昨季は見事な復活を果たして見せた。
プロ9年目の今季、中堅選手として若手選手を支えつ
つ、自らの役割をしっかり果たしその存在価値を高めて
いきたい。「目指すはチームの優勝。そこに貢献するの
が目標」と言い切る左腕から、今季もまた目が離せない。

■ 公式戦個人年度別成績

年度	所属球団	試合	勝利	敗戦	セーブ	投球回数	自責点	防御率
2012	オリックス	31	0	4	0	56 1/3	19	3.04
2013	オリックス	35	2	5	0	78 1/3	34	3.91
2014	オリックス	19	0	1	0	19	16	7.58
2015	オリックス	48	2	2	0	41 1/3	12	2.61
2016	オリックス	50	1	3	0	45 1/3	14	2.78
2017	オリックス	12	0	1	0	10 2/3	7	5.91
2018	オリックス	4	0	0	0	2 2/3	4	13.50
2019	オリックス	55	1	2	0	49	10	1.84
通算	8年	254	6	18	0	302 2/3	116	3.45

■ 二軍公式戦個人年度別成績

年度	所属球団	試合	勝利	敗戦	セーブ	投球回数	自責点	防御率
2012	オリックス	5	2	0	0	12 1/3	0	0.00
2013	オリックス	7	2	1	0	28	7	2.25
2014	オリックス	8	1	3	0	29 2/3	21	6.37
2015	オリックス	8	0	1	2	9	0	0.00
2016	オリックス	8	0	4	0	17 2/3	12	6.11
2017	オリックス	15	0	2	0	11 2/3	5	3.86
2018	オリックス	18	1	1	1	17 1/3	4	2.08
2019	オリックス	9	0	0	0	7	1	1.29
通算	8年	78	6	12	3	132 2/3	50	3.39

今年も頑張ります！

Kaida's Q&A

①笑顔②海さん③ゴルフ、アメフト、コーヒー④静電気⑤ゴル
フユーチューバー⑥お好み焼き（広島）⑦太陽の色⑧アリア
ナ・グランデ⑨いつも応援してくれる人⑪muta⑫近いの
に高速道路利用⑬六甲カントリー倶楽部⑭目標を持ちつづ
けてください⑮1年間ケガせず、勝利に貢献

安心立命

Kaida
47

45

48

SAITOH KOKI

齋藤 綱記

1996年12月18日(24歳)／182cm・89kg／O型／左投左打／
6年目／北海道／北照高-オリックス(ドラフト5巡目・15〜)

[初登板] 2016.9.12(コボスタ宮城)対楽天21回戦　2回より救援(4回)

左サイドハンドの特徴を活かして

　一軍のマウンドを経験する中で感じた力不足。ファームで培ってきたものを十分に発揮できない悔しさを味わった。左サイドハンドスローが持つ、強みや特徴を存分に発揮できさえすれば、自ずと道は拓けるはず。「ストライク先行でドンドン投げ込んでいきたい」との一種の開き直りも必要だろう。一軍定着を目指す。

■ 公式戦個人年度別成績

年度	所属球団	試合	勝利	敗戦	セーブ	投球回数	自責点	防御率
2016	オリックス	1	0	0	0	4	4	9.00
2018	オリックス	5	0	0	0	3 1/3	2	5.40
2019	オリックス	11	0	0	0	7	8	10.29
通算	3年	17	0	0	0	14 1/3	14	8.79

■ 二軍公式戦個人年度別成績

年度	所属球団	試合	勝利	敗戦	セーブ	投球回数	自責点	防御率
2015	オリックス	8	0	3	0	10	16	14.40
2016	オリックス	20	3	7	0	73 2/3	43	5.25
2017	オリックス	10	2	3	0	38 2/3	22	5.12
2018	オリックス	40	2	1	0	33 2/3	5	1.34
2019	オリックス	33	3	1	0	24 2/3	3	1.09
通算	5年	111	10	15	0	180 2/3	89	4.43

頑張ります
応援してください

Saitoh's Q&A

①投球②さいとう③ウエイト④にんじん⑤家⑥ラーメン、カール(お菓子)⑦黒、赤⑧ダディー・ヤンキー⑨髪が長い女性⑩父⑪ユニクロ⑫カールを食べる⑬ヨドバシカメラ、大阪⑭苦しい事も楽しく乗り越えよう⑮一軍で30試合以上投げる

49

SAWADA KEISUKE

澤田 圭佑

1994年4月27日(26歳)／178cm・96kg／B型／右投左打／
4年目／愛媛県／大阪桐蔭高-立教大-オリックス(ドラフト8巡目・17〜)

[初登板] 2017.3.31(京セラドーム大阪)対楽天1回戦　11回より救援完了(1回)
[初勝利] 2018.5.4(ヤフオクドーム)対ソフトバンク7回戦　8回より救援(1回)

セットアッパーの最有力候補

　昨季はセットアッパーに抜擢され、8回のマウンドに定着かと思われたが、ケガで戦列を離脱してしまい悔しい思いをした。勝ちパターンの継投での登板に意気を感じ、今季もセットアップ役を勝ち取り、その大役を全うする考えだ。そのうえで、防御率やホールドといった数字にもこだわって結果を求めていく。8回は任せた!

■ 公式戦個人年度別成績

年度	所属球団	試合	勝利	敗戦	セーブ	投球回数	自責点	防御率
2017	オリックス	13	1	0	0	13	6	4.15
2018	オリックス	47	5	0	0	49 2/3	14	2.54
2019	オリックス	28	2	2	0	26	14	4.85
通算	3年	88	7	4	0	88 2/3	34	3.45

■ 二軍公式戦個人年度別成績

年度	所属球団	試合	勝利	敗戦	セーブ	投球回数	自責点	防御率
2017	オリックス	27	0	1	7	42 2/3	20	4.22
2018	オリックス	7	1	0	0	10	5	4.50
2019	オリックス	10	1	0	0	10	0	0.00
通算	3年	44	2	1	7	62 2/3	25	3.59

応援よろしくお願いします

Sawada's Q&A

①全力投球③サウナ⑤睡眠⑥肉⑦黒⑩増井さん⑬焼肉やまや⑮50試合登板

57

YAMADA NOBUYOSHI

山田 修義

1991年9月19日(29歳)／184cm・90kg／B型／左投左打／
11年目／福井県／敦賀気比高‐オリックス(ドラフト3巡目・10〜)

[初登板] 2010.9.5(スカイマーク)対ソフトバンク24回戦　先発(3回)
[初勝利] 2016.7.27(ほっと神戸)対ロッテ15回戦　先発(6回1/3)

今季はフルシーズンの活躍を！

　昨季の40試合登板は自己最多の数字だった。ただ、それはシーズンの後半になって伸ばしていった数字。本人は開幕からの不調を悔やむ。「夏場以降は状態も上がって、納得のいくボールが投げられるようになり、チームに貢献できたと思いますが、僕の場合はシーズン前半に課題が……。今季は開幕から全開でいきたい」とシーズンを通しての活躍を誓った。彼にとっての宝刀、横滑りのスライダーは健在。シーズンオフには新たなボール習得に挑戦し、投球の幅を広げる努力も。プロ11年目、貴重な中継ぎ左腕が新たなキャリアハイを目指す。

■ 公式戦個人年度別成績

年度	所属球団	試合	勝利	敗戦	セーブ	投球回数	自責点	防御率
2010	オリックス	1	0	0	0	3	1	3.00
2012	オリックス	6	0	2	0	17 1/3	11	5.71
2013	オリックス	1	0	0	0	1 1/3	3	20.25
2015	オリックス	7	0	1	0	16 1/3	10	5.51
2016	オリックス	12	2	7	0	58 1/3	32	4.94
2017	オリックス	4	0	3	0	12 1/3	12	8.76
2018	オリックス	30	1	2	0	21 1/3	9	3.80
2019	オリックス	40	0	0	0	43	17	3.56
通算	8年	101	3	15	0	173	95	4.94

■ 二軍公式戦個人年度別成績

年度	所属球団	試合	勝利	敗戦	セーブ	投球回数	自責点	防御率
2010	オリックス	13	3	3	0	54	20	3.33
2011	オリックス	13	0	3	0	40	23	5.18
2012	オリックス	21	5	7	0	96 1/3	26	2.43
2013	オリックス	16	5	4	0	63 2/3	18	2.54
2015	オリックス	15	5	1	0	55 1/3	27	4.39
2016	オリックス	3	1	1	0	9 2/3	11	10.24
2017	オリックス	19	4	8	0	94 2/3	28	2.66
2018	オリックス	16	4	3	0	37 2/3	14	3.35
2019	オリックス	19	0	0	0	14 1/3	1	0.63
通算	9年	135	27	30	0	465 2/3	168	3.25

応援を力にして頑張ります！

Yamada's Q&A

①強気のピッチング②山田⑤家族⑥ソースカツ丼⑦白、青
⑫買い物⑬ユニバーサル・スタジオ・ジャパン⑭自信をもって
⑮優勝！

日々前進

58

KANEDA KAZUYUKI
金田 和之

1990年9月18日（30歳）／184cm・86kg／A型／右投右打／8年目／鹿児島県／都城商高-大阪学院大-阪神（ドラフト5巡目・13～16）-オリックス（17～）

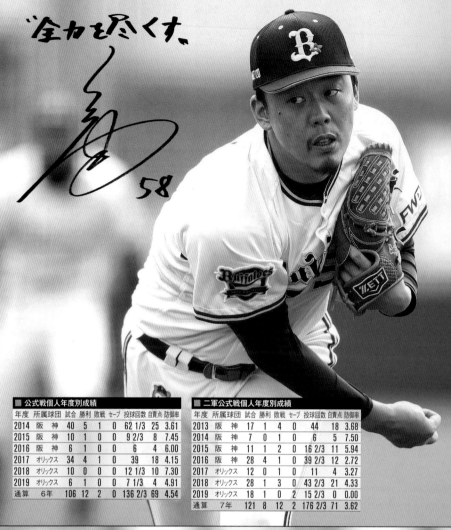

［初登板］2014.3.28（東京ドーム）対巨人1回戦　7回より救援（1回）
［初勝利］2014.6.17（甲子園）対日本ハム3回戦　12回より救援完了（1/3回）

剛球右腕の復活に期待

　バファローズに移籍して3年目の昨季、一軍での登板数は自己ワーストタイの数字だった。その最大の要因は故障。今一度、基本に立ち返って「ケガをしにくい体づくりを！」と巻き返しを図る。力あるストレートと落差の大きなフォークは相手打者にとっては脅威のはず。このままでは終われない。剛球右腕が一軍定着を目指す。

ご声援ありがとうございます
Kaneda's Q&A

①ストレート②かねやん③映画④ドッキリ⑤犬⑥ギョウザ⑦黒⑧Mr.Children⑨おしとやか⑩藤川球児さん⑪シンプル⑫晩酌⑬南京中華街⑭楽しめ！⑮全力を尽くす

■ 公式戦個人年度別成績

年度	所属球団	試合	勝利	敗戦	セーブ	投球回数	自責点	防御率
2014	阪　神	40	5	1	0	62 1/3	25	3.61
2015	阪　神	10	1	0	0	9 2/3	8	7.45
2016	阪　神	6	1	0	0	6	4	6.00
2017	オリックス	34	4	1	0	39	18	4.15
2018	オリックス	10	0	0	0	12 1/3	10	7.30
2019	オリックス	6	1	0	0	7 1/3	4	4.91
通算	6年	106	12	2	0	136 2/3	69	4.54

■ 二軍公式戦個人年度別成績

年度	所属球団	試合	勝利	敗戦	セーブ	投球回数	自責点	防御率
2013	阪　神	17	1	4	0	44	18	3.68
2014	阪　神	7	0	1	0	6	5	7.50
2015	阪　神	11	1	2	0	16 2/3	11	5.94
2016	阪　神	28	4	1	0	39 2/3	12	2.72
2017	オリックス	12	0	1	0	11	4	3.27
2018	オリックス	28	1	3	0	43 2/3	21	4.33
2019	オリックス	18	1	0	2	15 2/3	0	0.00
通算	7年	121	8	12	2	176 2/3	71	3.62

60

HIDARISAWA YU
左澤 優

1994年12月28日（26歳）／171cm・75kg／A型／左投左打／2年目／神奈川県／横浜隼人高-横浜商科大-JX-ENEOS-オリックス（ドラフト6巡目・19～）

［初登板］2019.5.4（ヤフオクドーム）対ソフトバンク7回戦　8回より救援完了（1回）

左打者への切り札に！

　即戦力として期待されながら、"左"の左澤のルーキーイヤーは苦しいシーズンになってしまった。「課題はコントロール」と本人も自覚する。制球力を高めるために低い重心を意識しウエイトトレーニングで下半身強化を図るなど、オフは弱点克服に励んできた。対左打者の切り札的存在として、2年目の今季は一軍定着だ。

■ 公式戦個人年度別成績

年度	所属球団	試合	勝利	敗戦	セーブ	投球回数	自責点	防御率
2019	オリックス	4	0	0	0	3	0	0.00
通算	1年	4	0	0	0	3	0	0.00

■ 二軍公式戦個人年度別成績

年度	所属球団	試合	勝利	敗戦	セーブ	投球回数	自責点	防御率
2019	オリックス	21	0	0	0	23	13	5.09
通算	1年	21	0	0	0	23	13	5.09

応援よろしくお願いします
Hidarisawa's Q&A

①全力投球②ひだり④プチトマト⑤犬⑥そば⑦ポジティブな人⑩山本昌さん⑭今を頑張ろう!!⑮一軍定着

61

SAKAKIBARA TSUBASA
榊原 翼

1998年8月25日(22歳)／180cm・90kg／AB型／右投右打／
4年目／千葉県／浦和学院高-オリックス(ドラフト育成2巡目・
17～)

[初登板] 2018.4.1(ヤフオクドーム)対ソフトバンク3回戦　8回より救援(0/3回)
[初勝利] 2019.4.17(京セラドーム大阪)対日本ハム5回戦　先発(6回)

ローテ完遂で規定投球回到達を!

　3年目はプロ初勝利を挙げるなど飛躍のシーズンに。それでも
本人はそのパフォーマンスに満足していない。シーズン途中の故
障による戦線離脱があったからだ。彼を刺激し、駆り立てるのは、
同期入団の山岡、山本両エース格の活躍だ。ケガなくローテー
ションを守り、目指すは規定投球回到達。同期ふたりと肩を並
べたい。

■ 公式戦個人年度別成績

年度	所属球団	試合	勝利	敗戦	セーブ	投球回数	自責点	防御率
2018	オリックス	5	0	0	0	18	7	3.50
2019	オリックス	13	3	4	0	79 1/3	24	2.72
通算	2年	18	3	4	0	97 1/3	31	2.87

■ 二軍公式戦個人年度別成績

年度	所属球団	試合	勝利	敗戦	セーブ	投球回数	自責点	防御率
2017	オリックス	13	2	1	3	12 1/3	2	1.46
2018	オリックス	35	2	2	1	59 1/3	15	2.28
2019	オリックス	2	1	0	0	7 1/3	0	0.00
通算	3年	50	5	3	4	79	17	1.94

投げっぷりを見てください

Sakakibara's Q&A

①投げっぷり②バラ⑤YouTube⑥寿司⑦ピンク
⑧AAA、LG Yankeesの『マジありがとう』⑨歯
並びがいい人、笑顔⑩広瀬すず、仲里依紗、宇
野実彩子⑮規定投球回!

65

URUSHIHARA TAISEI
漆原 大晟

1996年9月10日(24歳)／182cm・85kg／B型／右投左打／
2年目／新潟県／新潟明訓高-新潟医療福祉大-オリックス
(ドラフト育成1巡目・19～)

ファームの守護神が支配下登録

　ファームでは未経験のクローザーに抜擢され、その結果、ウエ
スタンリーグのセーブ王(23セーブ)に輝いた。ルーキーイヤー
で勝ち取った誇らしいタイトルだ。オフにはプエルトリコでのウイ
ンターリーグに参加。異国での武者修行で心身ともにたくまし
さを増した。これまでの努力が報われ、今年2月には支配下登
録。今後も一軍での活躍を目指し、アピールを続ける。

■ 二軍公式戦個人年度別成績

年度	所属球団	試合	勝利	敗戦	セーブ	投球回数	自責点	防御率
2019	オリックス	39	1	0	23	38 1/3	15	3.52
通算	1年	39	1	0	23	38 1/3	15	3.52

いつもご声援ありがとうございます
チームの力になれるよう頑張ります

Urushihara's Q&A

①強気な投球②うるし③読書④乾燥⑤温泉⑥フルーツ
⑦赤⑧安室奈美恵⑨優しい人⑩父親⑫風呂上がりの
アイス⑬ユニバーサル・スタジオ・ジャパン⑭何事にも挑戦
⑮一軍のマウンドに立つ

66

YOSHIDA RYO

吉田 凌

1997年6月20日（23歳）／181cm・78kg／A型／右投右打／
5年目／兵庫県／東海大付属相模高-オリックス（ドラフト5巡
目・16〜）

[初登板] 2017.10.3（札幌ドーム）対日本ハム24回戦　先発（2回2/3）

一軍で30試合！5年目の誓い

　2年ぶりに一軍マウンドを経験し、一定レベルのステップアップ
は果たせた。しかし、一軍の舞台で感じたことは、その時点での
自身の力量不足。「球質、コントロールなど、全ての面でレベルアッ
プしないと、パ・リーグの強打者は抑えることはできない」そう覚
悟を決めて迎えるプロ5年目、一軍での30試合登板を目指す。

■ 公式戦個人年度別成績

年度	所属球団	試合	勝利	敗戦	セーブ	投球回数	自責点	防御率
2017	オリックス	1	0	1	0	2 2/3	6	20.25
2019	オリックス	4	0	0	0	4 1/3	4	8.31
通算 2年		5	0	1	0	7	10	12.86

■ 二軍公式戦個人年度別成績

年度	所属球団	試合	勝利	敗戦	セーブ	投球回数	自責点	防御率
2016	オリックス	12	2	2	0	42	27	5.79
2017	オリックス	16	6	5	0	83 2/3	22	2.37
2018	オリックス	10	3	2	0	32 1/3	15	4.18
2019	オリックス	29	3	0	1	26	4	1.38
通算 4年		67	14	9	1	184	68	3.33

これからも応援よろしくお願いします

Yoshida's Q&A

①変化球②Ryo③ゴルフ④中日・小笠原慎之介⑤映画、
買いもの⑥焼肉⑦赤⑧嵐⑨有村架純さん⑩菅野智之さん
⑪シンプル・イズ・ベスト⑫ブランド物を買う⑬梅田⑭努力を
怠らないように精一杯頑張ってください⑮優勝

68

SUZUKI YU

鈴木 優

1997年2月5日（23歳）／181cm・83kg／B型／右投右打／
6年目／東京都／雪谷高-オリックス（ドラフト9巡目・15〜）

[初登板] 2015.9.30（京セラドーム大阪）対西武24回戦　9回より救援（1/3回）

都立の星が一軍先発陣に挑戦

　シーズン後半からファームの先発ローテーションに定着。投球
イニング数は大幅な伸びを示した。オフにはプエルトリコのウインター
リーグに参加し、実戦を通じて野球漬けの毎日を送った。高まる
経験値がもたらしたものは相手打者との駆け引き。「常に一軍を
意識したい」と、6年目の都立の星が飛躍を目指す。

■ 公式戦個人年度別成績

年度	所属球団	試合	勝利	敗戦	セーブ	投球回数	自責点	防御率
2015	オリックス	1	0	0	0	1/3	2	54.00
2016	オリックス	1	0	0	0	1 1/3	5	33.75
2019	オリックス	1	0	0	0	2	1	4.50
通算 3年		3	0	0	0	3 2/3	8	19.64

■ 二軍公式戦個人年度別成績

年度	所属球団	試合	勝利	敗戦	セーブ	投球回数	自責点	防御率
2015	オリックス	30	0	1	0	35 2/3	21	5.30
2016	オリックス	19	4	5	0	59 1/3	43	6.52
2017	オリックス	31	1	0	2	29 2/3	8	2.43
2018	オリックス	33	0	0	1	33 2/3	8	2.14
2019	オリックス	22	6	3	0	86 1/3	27	2.81
通算 5年		135	11	9	3	244 2/3	107	3.94

6年目となりました
背水の覚悟でやります！

Suzuki's Q&A

①バーバーヘヤー②U・鈴木③映画（洋画）、テラス
ハウス④チーズ⑤温泉⑥とんかつ⑦赤⑧エド・シーラ
ン⑨黒木メイサ⑩ロバート・ダウニー Jr.⑪Marcelo
Burlon⑫帰りに温泉⑬西宮ガーデンズ⑭楽しんで野
球をしてください⑮先発ローテ奪取

95

KAMBE FUMIYA
神戸 文也

1994年5月9日(26歳)／182cm・85kg／B型／右投右打／
4年目／群馬県／前橋育英高-立正大-オリックス(ドラフト育成3巡目・17〜)

[初登板] 2019.8.10(楽天生命パーク)対楽天19回戦　9回より救援(2/3回)

頼れる中継ぎのワンピースに

　昨年はシーズン途中に支配下登録を勝ち取り、終盤には勝ちパターンの中継ぎ陣に加わってその存在感を示して見せた。オフに参加したアジアウインターリーグでは序盤こそ打ち込まれるシーンもあったが、徐々に調子を上げて修正能力の高さも証明できた。期待されて臨む今季、持ち味の真っ向勝負で登板数の倍増を目指す。

**昨年はたくさんのご声援
ありがとうございました
今年は一試合でも多くチームの
勝利に貢献できるよう頑張ります
応援よろしくお願いします**

Kambe's Q&A

①笑顔②おまかせします③ゲーム④ブロッコリー⑤寝ること⑥ラーメン⑦赤⑧Jess Glynne、曲は『Hold My Hand』⑨泉里香さん⑩ダルビッシュ有さん⑪黒⑫短距離移動でタクシー⑬ユニバーサル・スタジオ・ジャパン⑭夢に向かって頑張ってください⑮40試合以上！

■ 公式戦個人年度別成績

年度	所属球団	試合	勝利	敗戦	セーブ	投球回数	自責点	防御率
2019	オリックス	19	0	0	0	21	9	3.86
通算	1年	19	0	0	0	21	9	3.86

■ 二軍公式戦個人年度別成績

年度	所属球団	試合	勝利	敗戦	セーブ	投球回数	自責点	防御率
2017	オリックス	7	0	0	0	11 2/3	9	6.94
2018	オリックス	5	0	1	0	5	0	0.00
2019	オリックス	19	1	1	1	24	9	3.38
通算	3年	31	1	2	1	40 2/3	18	3.98

98

CHO YAKU
張奕

1994年2月26日(26歳)／182cm・86kg／O型／右投右打／
4年目／台湾／福岡第一高-日本経済大-オリックス(ドラフト育成1巡目・17〜)

[初登板] 2019.5.16(ZOZOマリン)対ロッテ7回戦　8回より救援完了(2/3回)
[初勝利] 2019.8.8(旭川)対日本ハム16回戦　先発(6回)

伸びシロ充分のスター候補

　投手転向から1年で支配下登録を勝ち取り、先発でプロ初勝利を挙げるなど、その躍進ぶりは凄まじいものがある。昨秋のプレミア12では台湾代表として奮投！アジアのライバル・韓国を終盤まで零封し、台湾国内では一気にスターダムへ。投手経験の浅さは、充分な伸びシロを示すもの。さらなるブレイクで、次は日本のスターへ！

**たくさんご声援ありがとうございます
また、今年もよろしくお願いします**

Cho's Q&A

①吼えるところ②張③ヨガ④自分⑤自分の動画をみる⑥エビ⑦赤、紺⑧Dance Monkey⑨土屋太鳳⑩金子弐大さん⑪DIESEL⑫お風呂上がりのプロテイン⑬梅田駅⑭自分を信じること⑮ローテ定着

■ 公式戦個人年度別成績

年度	所属球団	試合	勝利	敗戦	セーブ	投球回数	自責点	防御率
2019	オリックス	8	2	4	0	27 1/3	18	5.93
通算	1年	8	2	4	0	27 1/3	18	5.93

■ 二軍公式戦個人年度別成績

年度	所属球団	試合	勝利	敗戦	セーブ	投球回数	自責点	防御率
2018	オリックス	5	0	0	1	5	1	1.80
2019	オリックス	19	2	3	0	41 1/3	11	2.40
通算	2年	24	2	3	1	46 1/3	12	2.33

124

KUROKI YUTA

黒木 優太

1994年8月16日(26歳)／179cm・85kg／A型／右投左打／4年目／神奈川県／橘学苑高-立正大-オリックス(ドラフト2巡目・17～)

[初登板] 2017.3.31(京セラドーム大阪)対楽天1回戦　10回より救援(1回)
[初勝利] 2017.5.16(京セラドーム大阪)対ソフトバンク9回戦　8回より救援(1回)
[初セーブ] 2017.6.4(東京ドーム)対巨人3回戦

右ひじ手術からの復活目指す

　昨年の右ひじ手術で、今季は育成契約となって、治療、リハビリに時間を費やすことになる。右ひじ靭帯の再建術、いわゆるトミージョン手術は、今となっては極めて高い確率での復帰が見込まれるもので、再起に向けて、しっかり野球と向き合うことが重要になる。「必ず戻ってきます」との彼の言葉を信じてその時を待ちたい。

■ 公式戦個人年度別成績

年度	所属球団	試合	勝利	敗戦	セーブ	投球回数	自責点	防御率
2017	オリックス	55	6	3	2	53 1/3	25	4.22
2018	オリックス	39	1	1	0	34	17	4.50
通算	2年	94	7	4	2	87 1/3	42	4.33

■ 二軍公式戦個人年度別成績

年度	所属球団	試合	勝利	敗戦	セーブ	投球回数	自責点	防御率
2018	オリックス	6	0	1	0	5 1/3	6	10.13
2019	オリックス	7	1	0	0	6	0	0.00
通算	2年	13	1	1	0	11 1/3	6	4.76

治るまで今しばらくお待ちください

Kuroki's Q&A

②ジョニー ④しいたけ ⑥アイス ⑧倖田來未 ⑩倖田來未 ⑮完全復活

BUFFALOES OFFICIAL ONLINESHOP

バファローズグッズ販売中

https://shop.buffaloes.co.jp/

128

AZUMA KOHEI

東 晃平

1999年12月14日（21歳）／178cm・83kg／O型／右投右打／
3年目／兵庫県／神戸弘陵学園高-オリックス（ドラフト育成2
巡目・18〜）

結果にこだわり支配下登録を！

　2年目の昨季はファームでのデビューを飾ると、ローテーション
に組み込まれ、先発として登板を重ねる中で完投も経験。ケガ
なくシーズンを完走、大いなるステップアップに成功した。豊富
な球種は先発投手としては大きな強み。今季はこれまで以上に
結果にこだわり、数字を残したい。がむしゃらに支配下登録を目
指したい。

■ 二軍公式戦個人年度別成績

年度	所属球団	試合	勝利	敗戦	セーブ	投球回数	自責点	防御率
2019	オリックス	19	5	7	0	96	41	3.84
通算	1年	19	5	7	0	96	41	3.84

昨年はたくさんのご声援
ありがとうございました
今年こそ支配下になります
応援よろしくお願いします

Azuma's Q&A

①笑顔②おまかせします③ゲーム④しいたけ⑤寝ること
⑥チャーハン⑦黒⑧BTS、iKON⑨清楚で色白な人⑩山
本由伸さん⑪全身黒⑫短距離移動はタクシー⑬ユニバー
サル・スタジオ・ジャパン⑭夢に向かってあきらめずに頑張っ
てください！⑮支配下

135

YAMAZAKI SOICHIRO

山﨑 颯一郎

1998年6月15日（22歳）／190cm・90kg／B型／右投右打／
4年目／石川県／敦賀気比高-オリックス（ドラフト6巡目・17〜）

育成からの再起を！

　勝負の3年目として臨んだシーズンだったが、ひじの故障で5
月に戦列を離れると8月にはトミージョン手術を受けた。「上半身、
下半身の筋力アップに努め、さらにパワーアップして帰ってくる」
と、復活を期した。地道なリハビリに励む毎日となるが、それらは
全て復活に向けてのもの。一日も早く颯一郎スマイルが見たい。

■ 二軍公式戦個人年度別成績

年度	所属球団	試合	勝利	敗戦	セーブ	投球回数	自責点	防御率
2017	オリックス	6	2	1	0	23 1/3	12	4.63
2018	オリックス	20	5	7	0	100 1/3	52	4.66
2019	オリックス	6	2	2	0	35 2/3	15	3.79
通算	3年	32	9	10	0	159 1/3	79	4.46

また復活できるように頑張るので
応援よろしくお願いします

Yamazaki's Q&A

①前よりも強くなったひじ②山ちゃん③アニメ④たまねぎ
⑤ペット⑥タルト⑦ゴールド⑧ONE OK ROCK⑨凛とし
てる人⑩斉藤和巳さん⑪常に勝負服‼⑫良い化粧品を
使ってる⑬大阪天満宮⑭"人生一度きり"悔いのない
ように！⑮パワーアップ

CATCHER

捕 手

野手の中にあって、特殊技能職とも言えるのがキャッチャーというポジション。
9人の守備陣の中で、唯一味方と対峙し、同じ方向を見つめる敵を倒すために、
知力と体力を駆使するのだからその責務は重要であり、まさに扇の要。
確固たる正捕手の存在は、ディフェンス面での安定に直結するが、
競争が存在しないのも問題である。しかも、ポジション柄、故障と隣り合わせであるだけに、
層の厚さが求められる。守備型、攻撃型双方のタイプがそろうバファローズ捕手陣。
一軍のホームプレートの後ろに座れる枠は2ないし3。激しい競争になる。

23

FUSHIMI TORAI
伏見 寅威

1990年5月12日(30歳)／182cm・88kg／AB型／右投右打／
8年目／北海道／東海大付属第四高-東海大-オリックス(ド
ラフト3巡目・13〜)

[初 出 場] 2013.4.29(札幌ドーム)対日本ハム6回戦　8回捕手
[初 安 打] 2013.4.29(札幌ドーム)対日本ハム6回戦　9回右中二(鍵谷)
[初本塁打] 2013.8.3(ほっと神戸)対ロッテ13回戦　9回(益田)
[初 打 点] 2013.8.3(ほっと神戸)対ロッテ13回戦　7回(服部)

故障明けは全開で!

　6月にアキレス腱断裂の大ケガを負い、そのままシーズン終了と
いう悔しさを味わった。「キャッチャーとして試合に出たい」との思
いは人一倍強い。勝負強い打撃は大きな魅力。これまでもここ
一番で勝負を決める一打を放ったことは一再ではない。捕手と
して、ムードメーカーとして、フルシーズンの活躍を期待したい。

いつも力になっています
Fushimi's Q&A

①元気②TRY③韓国ドラマ④蚊⑤愛犬⑥肉⑦黒⑧長
渕剛⑨よく笑う人⑩松岡修造⑪シンプル⑫1万円くらい
のTシャツを買うこと⑬オカモト醤油ヌードル⑭将来笑う
ために今頑張れ！⑮100試合出場

■ 公式戦個人年度別成績							
年度	所属球団	試合	打数	安打	本塁打	打点	盗塁	打率
2013	オリックス	17	28	7	1	2	0	.250
2014	オリックス	7	5	0	0	0	0	.000
2015	オリックス	20	22	6	0	0	0	.273
2016	オリックス	17	33	8	0	1	0	.242
2017	オリックス	4	1	0	0	0	0	.000
2018	オリックス	76	186	51	1	17	0	.274
2019	オリックス	39	61	10	1	9	0	.164
通算	7年	180	336	82	3	29	0	.244

■ 二軍公式戦個人年度別成績							
年度	所属球団	試合	打数	安打	本塁打	打点	盗塁	打率
2013	オリックス	43	115	38	0	17	3	.330
2014	オリックス	63	187	58	5	33	0	.310
2015	オリックス	44	137	25	1	14	0	.182
2016	オリックス	38	112	24	1	12	0	.214
2017	オリックス	77	241	61	1	33	0	.253
2018	オリックス	5	15	6	1	2	0	.400
2019	オリックス	2	8	2	0	0	0	.250
通算	7年	272	815	214	9	111	1	.263

33

MATSUI MASATO
松井 雅人

1987年11月19日(33歳)／179cm・81kg／A型／右投左打／
11年目／群馬県／桐生第一高-上武大-中日(ドラフト7巡
目・10〜19)-オリックス(19〜)

[初 出 場] 2010.3.28(ナゴヤドーム)対広島3回戦　8回代打
[初 安 打] 2010.3.30(神宮)対ヤクルト1回戦　7回中安打(吉川)
[初本塁打] 2014.7.10(神宮)対ヤクルト12回戦　9回(江村)
[初 打 点] 2013.5.31(札幌ドーム)対日本ハム3回戦　2回(ウルフ)

捕手陣のリーダー的存在に

　シーズン途中、しかも異なるリーグからのトレードはキャッチャーと
して難しいものがあったはず。オフは、味方投手、相手打者の
スカウティングにも時間を割いた。捕手陣の中では年長なだけに、
若手捕手陣の指導、けん引役としても役割も買ってでる。チーム
にも馴染んだ今季、その存在感をさらに大きなものにしたい。

これからもよろしくお願いします!
Matsui's Q&A

①チームを勝たせる②ミヤビ③映画⑤子ども⑥肉⑦金、銀
⑧懐メロ⑨優しい人⑪ジーパン、Tシャツ⑫顔パック
⑬ユニバーサル・スタジオ・ジャパン⑭あきらめずに頑張
ろう⑮試合にたくさん出る

■ 公式戦個人年度別成績							
年度	所属球団	試合	打数	安打	本塁打	打点	盗塁	打率
2010	中 日	13	14	1	0	0	0	.071
2011	中 日	10	11	3	0	0	0	.273
2012	中 日	4	2	0	0	0	0	.000
2013	中 日	45	63	9	0	3	1	.143
2014	中 日	67	142	25	1	4	3	.176
2015	中 日	51	133	18	0	7	0	.135
2016	中 日	4	7	1	0	0	0	.143
2017	中 日	87	208	46	2	11	0	.221
2018	中 日	92	218	50	2	22	0	.229
2019	中 日	20	33	7	0	2	0	.212
2019	オリックス	24	36	7	0	1	0	.194
通算	10年	417	867	167	5	57	6	.193

■ 二軍公式戦個人年度別成績							
年度	所属球団	試合	打数	安打	本塁打	打点	盗塁	打率
2010	中 日	29	55	14	2	8	1	.255
2011	中 日	61	125	34	1	9	2	.272
2012	中 日	52	79	9	0	7	0	.114
2013	中 日	13	28	12	2	8	0	.429
2014	中 日	13	33	4	0	0	0	.100
2015	中 日	18	20	2	0	0	0	.100
2016	中 日	62	146	26	1	14	1	.178
2017	中 日	3	3	0	0	0	0	.000
2018	中 日	5	8	1	0	0	0	.125
2019	中 日	16	35	5	0	2	0	.143
2019	オリックス							
通算	10年	272	537	107	6	48	5	.199

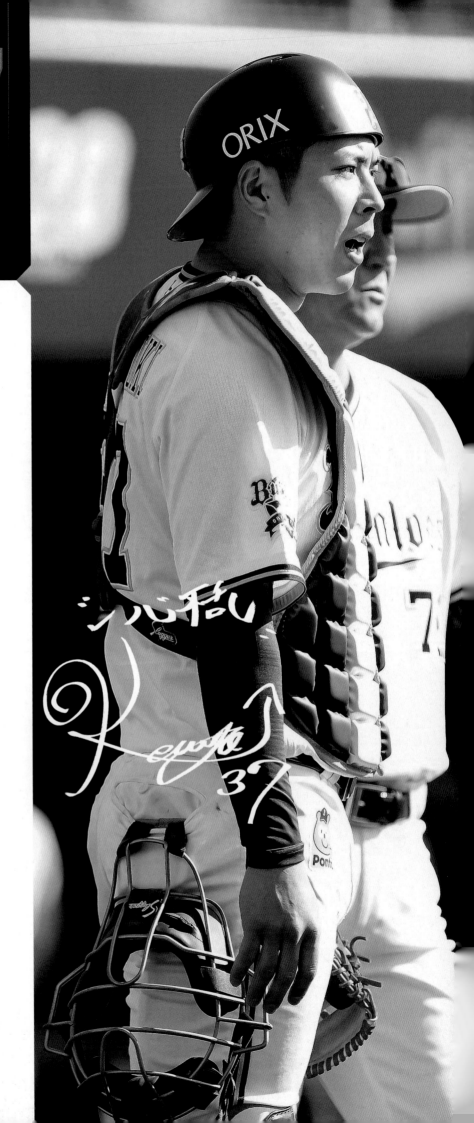

37

WAKATSUKI KENYA
若月 健矢

1995年10月4日（25歳）／179cm・90kg／O型／右投右打／
7年目／埼玉県／花咲徳栄高-オリックス（ドラフト3巡目・14～）

［初 出 場］2015.5.1（京セラドーム大阪）対ソフトバンク7回戦　10回代走
［初 安 打］2015.9.28（京セラドーム大阪）対楽天25回戦　3回左安打（戸村）
［初本塁打］2017.10.6（ヤフオクドーム）対ソフトバンク25回戦　5回（千賀）
［初 打 点］2016.6.29（那覇）対楽天11回戦　4回（釜田）

正捕手への一番手

　自己最多の138試合に出場し、リーグトップの盗塁阻止率（.371）をマークするなど、バファローズの正捕手に最も近い存在であることは間違いない。ただ、「しょうもない打撃しかできず悔しい」と本人が言う通り、低迷した打率（.178）は何としても改善しなければならない課題である。「基礎的な体の使い方など、バッティングは一からやり直す」と意欲を見せる。「ポジションは確約されていない。まずは競争に勝って、正捕手を目指したい」と、慢心はない。入団7年目、課題克服で、"打てるキャッチャー"へ。確固たる地位を確立するために。

■ 公式戦個人年度別成績

年度	所属球団	試合	打数	安打	本塁打	打点	盗塁	打率
2015	オリックス	5	11	1	0	0	0	.091
2016	オリックス	85	229	52	0	20	0	.227
2017	オリックス	100	218	44	1	18	0	.202
2018	オリックス	114	269	66	1	27	1	.245
2019	オリックス	138	298	53	1	21	2	.178
通算	5年	442	1025	216	3	86	3	.211

■ 二軍公式戦個人年度別成績

年度	所属球団	試合	打数	安打	本塁打	打点	盗塁	打率
2014	オリックス	57	157	36	4	26	1	.229
2015	オリックス	90	242	56	4	22	0	.231
2016	オリックス	30	85	19	0	6	0	.224
2017	オリックス	1	3	0	0	0	0	.000
2018	オリックス	4	12	2	1	2	0	.167
2019	オリックス	2	8	4	0	1	0	.500
通算	6年	184	507	117	9	57	1	.231

優勝しましょう‼

Wakatsuki's Q&A

①しぶい所②けんけん、ツッキー③ドクター・ストーン④気温
⑤まんが⑥しゃぶしゃぶ（ポン酢）⑦分からなくなってきた
⑧しみる歌⑨北斗晶⑩ベジータ⑪Amazon⑫好きな物
を好きな時に食べてる⑬大阪、福原、まんじゅ亭（焼肉）
⑭ごはんをいーっぱい食べよう‼ ⑮"優勝"

44

TONGU YUMA
頓宮 裕真

1996年11月17日（24歳）／182cm・103kg／AB型／
右投右打／2年目／岡山県／岡山理科大附属高-亜細亜大
-オリックス（ドラフト2巡目・19〜）

[初出場]	2019.3.29（札幌ドーム）対日本ハム1回戦	先発三塁手
[初安打]	2019.3.29（札幌ドーム）対日本ハム1回戦	1回右安打（上沢）
[初本塁打]	2019.4.18（ほっと神戸）対日本ハム6回戦	7回（加藤）
[初打点]	2019.3.29（札幌ドーム）対日本ハム1回戦	1回（上沢）

自慢の打撃で正捕手の座へ！

　サードへ挑戦する中で開幕スタメンの座をつかんだが、故障で戦列を離れてしまった。そのとき"本職"である捕手への復帰を決心した。「配球面など勉強すべきことは多い」と課題を口にするも、フェニックス・リーグでは捕手としての実戦経験を積んで、手応えも感じている。パワフルな打撃を生かして、今季は捕手一本で勝負する。

> 昨年は応援ありがとうございました
> 今年は昨年の倍以上働きます
> 応援よろしくお願いいたします

Tongu's Q&A

①笑顔②とん、とんちゃん③飲むヨーグルト④パクチー⑤めいっ子⑥フルーツ具だくさんのタルトケーキ⑦黒⑧侍、Bigふみ、小山翔吾⑨一緒になって馬鹿な事できる人⑪髪をセットした時⑬やまや（焼肉屋）⑮チームの勝利に一回でも多く貢献

■ 公式戦個人年度別成績

年度	所属球団	試合	打数	安打	本塁打	打点	盗塁	打率
2019	オリックス	28	91	18	3	10	0	.198
通算	1年	28	91	18	3	10	0	.198

■ 二軍公式戦個人年度別成績

年度	所属球団	試合	打数	安打	本塁打	打点	盗塁	打率
2019	オリックス	26	80	22	3	11	0	.275
通算	1年	26	80	22	3	11	0	.275

45

IIDA DAISUKE
飯田 大祐

1990年9月19日（30歳）／181cm・85kg／O型／右投右打／
4年目／茨城県／常総学院高-中央大-Honda鈴鹿-オリックス（ドラフト7巡目・17〜）

[初出場]	2017.10.3（札幌ドーム）対日本ハム24回戦	先発捕手

一軍へ勝負の4年目

　プロ入り後3年は一軍で結果を残すことはできなかった。ただ、捕手としてのバランスの良さは首脳陣も認めるところ。ならば、一軍定着へ向けて、自身が持つ何らかの強みでアピールしたい。「早く一軍でヒットを！」との本人の思いは強い。リード面を磨くのか。打力向上は図るのか。とにかく、今季は働きの場を一軍に求める！

■ 公式戦個人年度別成績

年度	所属球団	試合	打数	安打	本塁打	打点	盗塁	打率
2017	オリックス	2	5	0	0	0	0	.000
2018	オリックス	2	2	0	0	0	0	.000
2019	オリックス	8	13	0	0	0	0	.000
通算	3年	12	18	0	0	0	0	.000

■ 二軍公式戦個人年度別成績

年度	所属球団	試合	打数	安打	本塁打	打点	盗塁	打率
2017	オリックス	41	101	23	0	10	0	.228
2018	オリックス	39	98	25	0	13	1	.255
2019	オリックス	53	102	16	0	9	4	.157
通算	3年	133	301	64	2	32	5	.213

> 熱い声援よろしくお願いします

Iida's Q&A

①守備②大将④ゴキブリ⑤こども⑥肉⑦赤⑫風呂上りのビール⑮チームに貢献！

62

YAMAZAKI KATSUKI

山崎 勝己

1982年8月16日（38歳）／180cm・88kg／O型／右投右打／20年目／兵庫県／報徳学園高-ダイエー・ソフトバンク（ドラフト4位・01〜13）-オリックス（14〜）

[初 出 場] 2005.8.7（フルスタ宮城）対楽天16回戦　7回代打
[初 安 打] 2005.8.7（フルスタ宮城）対楽天16回戦　9回中安打（有銘）
[初 本 塁 打] 2006.5.20（神宮）対ヤクルト2回戦　5回（藤井）
[初 打 点] 2006.4.2（フルスタ宮城）対楽天3回戦　5回（朝井）

≪記 録≫ 〔パ〕捕手・シーズン最高守備率1.000（12）

チーム最年長、経験をチームに

　チーム最年長の"勝つカルチャー"を知るベテラン。球団から期待されている役割は、チームの精神的支柱、若手の指南役としてのけん引役。それでも本人はまだまだ現役選手としての活躍を望んでいる。「またしびれるような場面を経験し、優勝したい！」まだまだ後進に道を譲るつもりはない。ベテランの力がまだまだ必要だ。

今年こそ優勝!!

Yamazaki's Q&A

②カツオ③釣り④虫⑤海⑥タピオカ⑦金⑧THE YELLOW MONKEY⑪スウェット⑫タピオカドリンクを飲む⑬てんしば⑮オリンピック

■公式戦個人年度別成績

年度	所属球団	試合	打数	安打	本塁打	打点	盗塁	打率
2005	ソフトバンク	3	2	1	0	0	0	.500
2006	ソフトバンク	105	245	56	1	19	1	.229
2007	ソフトバンク	100	184	34	0	6	2	.185
2008	ソフトバンク	60	97	13	0	7	0	.134
2009	ソフトバンク	30	27	5	0	2	0	.185
2010	ソフトバンク	77	205	43	2	18	0	.210
2011	ソフトバンク	86	148	28	0	13	0	.189
2012	ソフトバンク	85	86	17	0	2	0	.198
2013	ソフトバンク	91	139	35	1	20	0	.252
2014	オリックス	60	65	7	0	4	0	.108
2015	オリックス	79	147	30	0	14	1	.204
2016	オリックス	43	66	10	0	0	0	.152
2017	オリックス	17	18	2	0	2	0	.111
2018	オリックス	81	92	19	0	5	0	.207
2019	オリックス	24	8	0	0	0	0	.000
通算	15年	941	1529	300	4	112	4	.196

■二軍公式戦個人年度別成績

年度	所属球団	試合	打数	安打	本塁打	打点	盗塁	打率
2001	ダイエー	44	109	20	0	4	2	.183
2002	ダイエー	43	83	24	1	8	4	.289
2003	ダイエー	63	90	21	0	9	0	.233
2004	ダイエー	73	221	57	1	20	5	.258
2005	ソフトバンク	38	66	13	1	8	1	.197
2006	ソフトバンク	1	3	0	0	0	0	.000
2007	ソフトバンク	2	7	2	0	0	0	.286
2008	ソフトバンク	5	14	5	0	3	0	.357
2009	ソフトバンク	3	7	1	0	0	0	.143
2010	ソフトバンク	14	26	3	0	0	0	.115
2011	ソフトバンク	5	4	1	0	0	0	.250
2014	オリックス	1	3	1	0	0	0	.333
2016	オリックス	17	47	11	0	8	3	.234
2017	オリックス	27	67	13	1	11	1	.194
2018	オリックス	7	11	3	0	0	0	.273
2019	オリックス	6	6	2	0	0	0	.333
通算	16年	345	764	177	4	74	14	.232

123

INATOMI HIROKI

稲富 宏樹

1999年4月27日（21歳）／178cm・83kg／O型／右投左打／3年目／大阪府／三田松聖高-オリックス（ドラフト育成1巡目・18〜）

支配下に向けて、結果にこだわる

　入団から2年。着実にステップアップの途上にある。「打撃に関してはある程度の手応えは感じられた。あとはキャッチャーとしての不足部分を埋めていきたい」と3年目に向けて意を決する。目標はもちろん、支配下登録を勝ち取ること。体も大きくなって確実にパワーアップ。結果にこだわって3桁の背番号を減らしたい。

■二軍公式戦個人年度別成績

年度	所属球団	試合	打数	安打	本塁打	打点	盗塁	打率
2018	オリックス	25	54	8	0	1	0	.148
2019	オリックス	80	203	47	0	7	1	.232
通算	2年	105	257	55	0	8	1	.214

いつも応援ありがとうございます
これからも頑張ります

Inatomi's Q&A

①トゥース!!②トミー③筋トレとドッカンバトル④練り物⑤愛犬のモモ⑥だし巻き玉子⑦黄緑⑧NOBU、『太陽に向かって咲く花』⑨重盛さと美⑩歌手の強⑪ZARA⑫お風呂上がりのクッキーアイス⑬焼き肉ソムリエまんじゅ亭⑭頑張ってください!!⑮支配下!!

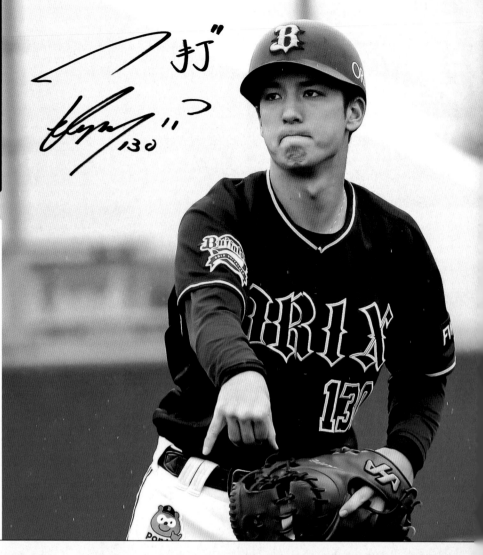

130

FELIPE
フェリペ

1999年9月4日(21歳)／176cm・76kg／O型／右投右打／
3年目／静岡県／御殿場西高-オリックス(ドラフト育成4巡
目・18～)

複数ポジションで広がった可能性

　軸足は捕手に置きながらも、昨季は外野も含めて複数のポジショ
ンを経験、出場に向けての可能性を広げて見せた。シーズンオフ
は打撃向上に向けて注力。参加した台湾でのアジアウインターリー
グでは、新たな課題も見えてきた。支配下登録に向けて、きっか
けをつかみたい3年目、何としても飛躍のシーズンにしたい。

■ 二軍公式戦個人年度別成績

年度	所属球団	試合	打数	安打	本塁打	打点	盗塁	打率
2018	オリックス	7	6	0	0	0	0	.000
2019	オリックス	41	45	9	0	0	1	.200
通算	2年	48	51	9	0	0	1	.176

今シーズンも熱い声援お願いします

Felipe's Q&A

①笑顔②ぺ③YouTube④野菜⑤犬⑥チョコ⑦黄色
⑧BIG BANG⑨石原さとみ⑩G・Dragon⑫短距離
移動でタクシー⑭あきらめないこと⑮支配下登録

INFIELDER

内野手

陣容を一瞥すれば、このチームの内野陣が高い能力を有していることに誰もが気づくはず。

打席の左右バランスには偏りがなく、複数のポジションを守れるユーティリティー性に富み、脚力もある。

ただ、レギュラー陣が誰なのかと問われれば、即答できるポジションは限られる。

ならば、競争。昨季までのレギュラーとて、

今季に関する確約はない。ましてや、固定できなかったサードに関しては、

首脳陣の構想はあるにしても、一番の激戦区になることは間違いない。

中には将来への大いなる可能性を感じさせる有望株も。個性豊かなメンバーがそろう。

2	白崎 浩之
3	安達 了一
4	福田 周平
5	西野 真弘
9	大城 滉二
31	太田 椋
36	山足 達也
38	小島 脩平
53	宜保 翔
64	廣澤 伸哉
67	中川 圭太
120	岡﨑 大輔

2

SHIRASAKI HIROYUKI
白崎 浩之

1990年8月20日(30歳)／184cm・90kg／O型／右投右打／8年目／北海道／埼玉栄高-駒沢大-横浜DeNA(ドラフト1巡目・13〜18)-オリックス(18〜)

[初 出 場] 2013.5.1(横浜)対ヤクルト6回戦 9回遊撃手
[初 安 打] 2013.5.1(横浜)対ヤクルト6回戦 9回三安打(山本)
[初本塁打] 2014.10.7(神宮)対ヤクルト24回戦 4回(小川)
[初 打 点] 2013.8.18(横浜)対広島18回戦 2回(中崎)

パワフルな打撃の大型内野手

　パワフルで才能豊かなスケールの大きな内野手。"ウリ"は何といっても、長打力に富んだその打撃。「打点にこだわって勝利に貢献したい」と、今季は勝負強いバッティングをテーマに挙げる。シーズン中に30歳という節目を迎えるが、プロ野球選手としては脂ののったキャリアと年齢。かつてのハマのドラ1が存在感を示す!

いつもありがとう!

Shirasaki's Q&A

①ひげ始めました②ひろ③お笑い④虫⑤家庭⑥ラーメン⑦蛍光色⑧マジでたくさん⑨センスの良い人⑩自分以外⑪一瞬一瞬が勝負⑫コンビニのムダ行き⑬串カツ(大阪の)⑭大志を抱きましょう⑮我武者羅

■ 公式戦個人年度別成績

年度	所属球団	試合	打数	安打	本塁打	打点	盗塁	打率
2013	DeNA	47	52	11	0	1	0	.212
2014	DeNA	101	209	49	1	11	4	.234
2015	DeNA	81	204	46	6	9	2	.225
2016	DeNA	92	203	42	6	12	0	.207
2017	DeNA	34	54	10	0	4	0	.185
2018	オリックス	30	67	16	1	9	0	.239
2019	オリックス	25	49	10	2	6	0	.204
通算	7年	410	838	184	16	52	6	.220

■ 二軍公式戦個人年度別成績

年度	所属球団	試合	打数	安打	本塁打	打点	盗塁	打率
2013	DeNA	61	239	64	1	22	6	.268
2014	DeNA	4	17	6	0	1	0	.353
2015	DeNA	26	93	34	2	18	1	.366
2016	DeNA	15	55	23	2	10	2	.418
2017	DeNA	49	149	36	5	16	1	.242
2018	DeNA	53	160	43	2	23	0	.269
2018	オリックス	14	47	5	1	7	0	.106
2019	オリックス	39	96	29	3	16	5	.302
通算	7年	261	856	240	16	113	15	.280

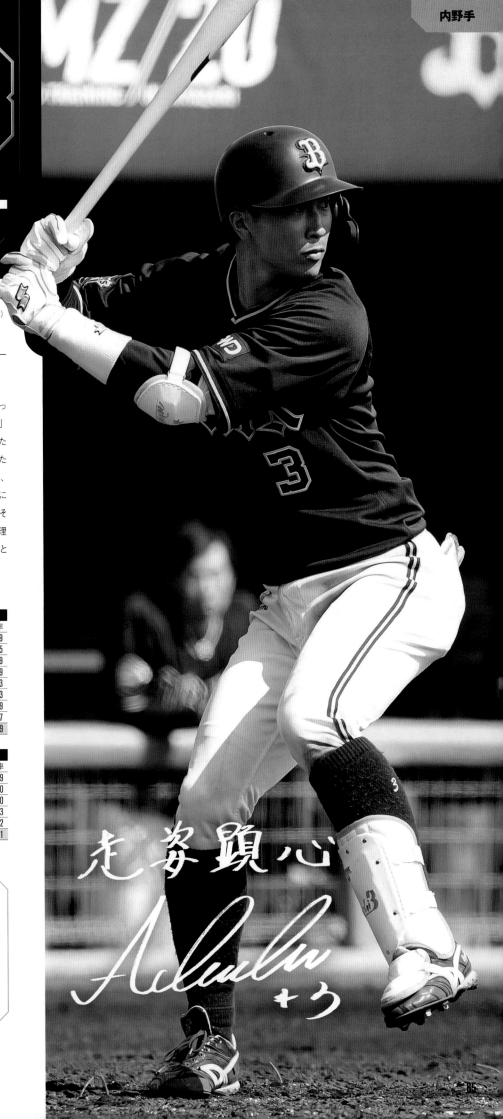

3

ADACHI RYOICHI

安達 了一

1988年1月7日（32歳）／179cm・78kg／O型／右投右打／9年目／
群馬県／榛名高-上武大-東芝-オリックス（ドラフト1巡目・12〜）

[初 出 場] 2012.5.12（京セラドーム）対楽天8回戦　8回代走
[初 安 打] 2012.7.7（QVCマリン）対ロッテ10回戦　6回左中二（大谷）
[初本塁打] 2013.4.5（京セラドーム大阪）対西武1回戦　7回（岸）
[初 打 点] 2012.7.7（QVCマリン）対ロッテ10回戦　2回（渡辺）

チームリーダーは内野の要

　シーズン序盤の不調もあって、フルで活躍できなかった悔しさは残った。「チーム最下位の責任は感じている」とリーダーらしく振り返った。ただ、一軍復帰後に見せた安定感ある守備や、8月31日の千葉ロッテ戦で放った決勝ホームランなどはさすがのひと言。そして何よりも、ピンチになると投手に駆け寄って声をかける姿は、まさにチームリーダーとしてのそれ。難病との闘いもあるが、「それとはうまく向き合えているし、これからも」と体調管理も怠らない。チーム浮上のキーマンのひとりであることは確か。良い方向へと導いてほしい。

■ 公式戦個人年度別成績

年度	所属球団	試合	打数	安打	本塁打	打点	盗塁	打率
2012	オリックス	50	88	14	0	4	2	.159
2013	オリックス	131	395	93	5	30	16	.235
2014	オリックス	143	486	126	8	50	29	.259
2015	オリックス	139	506	121	11	55	16	.239
2016	オリックス	118	403	110	1	34	6	.273
2017	オリックス	109	316	64	3	26	4	.203
2018	オリックス	140	465	102	3	41	20	.219
2019	オリックス	56	155	43	2	20	10	.277
通算	8年	886	2814	673	33	260	103	.239

■ 二軍公式戦個人年度別成績

年度	所属球団	試合	打数	安打	本塁打	打点	盗塁	打率
2012	オリックス	34	130	35	2	11	3	.269
2013	オリックス	5	20	5	0	0	0	.250
2016	オリックス	4	10	3	0	1	0	.300
2017	オリックス	1	3	1	0	1	0	.333
2019	オリックス	16	44	8	0	2	2	.182
通算	5年	60	207	52	2	14	5	.251

いつもありがとうございます！
「あだっちゃ〜ん」お願いします！

Adachi's Q&A

①守備②あだっちゃん③ディズニートミカ集め、ディズニーグッズ、釣り④おばけ⑤ペット、息子⑥グミ⑦今年は黄色と白⑧ET-KING⑪AMI、ハリウッドランチマーケット⑬淡路島！ステーキハウスgenpei⑭楽しんで⑮100試合は出る

走姿頭心

Adachi +3

FUKUDA SHUHEI
福田 周平

1992年8月8日(28歳)／167cm・69kg／A型／右投左打／3年目／
大阪府／広陵高-明治大-NTT東日本-オリックス(ドラフト3巡目・18～)

[初 出 場] 2018.4.8(メットライフ)対西武3回戦　先発遊撃手
[初 安 打] 2018.4.24(札幌ドーム)対日本ハム3回戦　9回遊安打(トンキン)
[初本塁打] 2018.9.25(京セラドーム大阪)対ソフトバンク23回戦　8回(モイネロ)
[初 打 点] 2018.5.2(京セラドーム大阪)対西武5回戦　4回(カスティーヨ)

リードオフマンのこだわりは出塁率

「目標とする数字を下回ってしまった」という昨季を不
本意という言葉で言い放った。ただ、フルシーズンを戦い、
その末に到達した規定打席数に関しては大いに評価で
きるというもの。自分個人のことだけではなく、チーム全
体への配慮が求められたキャプテンの職を全うできたこ
とも大きなプラスになったはず。その肩書が外れた今季
は、自分のプレーに専念、集中できるということ。オフに
はパワーアップに取り組んだ。塁に出て、機動力で相手
を揺さぶりたい。「目標は出塁率4割!」と言い切った。
なまじりを決する気迫のプレーに期待したい。

■ 公式戦個人年度別成績

年度	所属球団	試合	打数	安打	本塁打	打点	盗塁	打率
2018	オリックス	113	295	78	1	15	16	.264
2019	オリックス	135	492	123	2	38	30	.250
通算	2年	248	787	201	3	53	46	.255

■ 二軍公式戦個人年度別成績

年度	所属球団	試合	打数	安打	本塁打	打点	盗塁	打率
2018	オリックス	15	54	12	0	1	1	.222
2019	オリックス	5	18	4	0	1	1	.222
通算	2年	20	72	16	0	2	2	.222

引き続き応援
よろしくお願いします

Fukuda's Q&A

①気迫のプレー②福田⑤睡眠⑥スターバックスコーヒー
⑦ネイビー⑨笑顔がすてきな人⑩父⑮日本一

5

NISHINO MASAHIRO
西野 真弘

1990年8月2日(30歳)／167cm・71kg／O型／右投左打／
6年目／東京都／東海大付属浦安高-国際武道大-JR東日本-
オリックス(ドラフト7巡目・15〜)

[初 出 場] 2015.4.2(ヤフオクドーム)対ソフトバンク3回戦　5回代打
[初 安 打] 2015.4.12(コボスタ宮城)対楽天3回戦　7回右安打(戸村)
[初本塁打] 2015.4.29(京セラドーム大阪)対楽天5回戦　4回(美馬)
[初 打 点] 2015.4.22(QVCマリン)対ロッテ5回戦　7回(藤岡)

故障からの復活を期す

　筋量を増やして臨んだ昨季は、右太もも故障で戦列を離れると、10月には左脚の手術を受けるなど、つらいシーズンに。ただ、術後の経過、リハビリも順調で今季に向けての不安はない。同ポジションの大学の後輩も入団し「負けてはいられない」と、先輩としての意地も見せたいところ。持ち前のシュアな打撃で定位置を奪取する。

いつもありがとう！
Nishino's Q&A
①身長②まさ③ゴルフ④絶叫系⑥スイカ⑦赤⑧AAA
⑨宇野実彩子⑬京セラ⑭ともに頑張ろう！⑮奪取

■ 公式戦個人年度別成績

年度	所属球団	試合	打数	安打	本塁打	打点	盗塁	打率
2015	オリックス	57	191	58	3	22	9	.304
2016	オリックス	143	538	142	2	33	16	.264
2017	オリックス	100	282	66	2	21	8	.234
2018	オリックス	60	188	55	0	16	7	.293
2019	オリックス	56	166	40	1	14	1	.241
通算	5年	416	1365	361	8	106	41	.264

■ 二軍公式戦個人年度別成績

年度	所属球団	試合	打数	安打	本塁打	打点	盗塁	打率
2015	オリックス	3	9	3	0	0	1	.333
2017	オリックス	12	39	9	0	1	2	.231
2018	オリックス	28	86	21	0	5	2	.244
2019	オリックス	47	138	43	0	10	2	.312
通算	4年	90	272	76	0	16	7	.279

OHSHIRO KOJI

大城 滉二

1993年6月14日（27歳）／175cm・82kg・B型／右投右打／
5年目／沖縄県／興南高-立教大-オリックス（ドラフト3巡目・16〜）

[初 出 場] 2016.4.3（京セラドーム大阪）対ロッテ3回戦　先発遊撃手
[初 安 打] 2016.4.3（京セラドーム大阪）対ロッテ3回戦　7回左安打（スタンリッジ）
[初本塁打] 2017.7.17（ZOZOマリン）対ロッテ15回戦　9回（内）
[初 打 点] 2016.6.25（ほっと神戸）対日本ハム8回戦　2回（有原）

5年目は全試合出場目指す

　昨季は開幕からさまざまな打順で起用された。任され
たのは4番と5番を除く7つの打順。いずれの役割も
無難にこなせるのは高い適応能力を示すもの。守備で
もショートをメインに内野3ヵ所と外野もこなせるユーティ
リティー性はチームにとっては有難い存在だ。ただ、彼
が有する潜在能力を考えれば、いまだ100％を出し切れ
ていないのも確か。天性の身体能力とバッティングセン
スに確実性が加われば、怖いものは何もない。シーズン
終盤を故障で棒に振った悔しさを胸に、新たな背番号"9"
で全試合出場を目指していく。勝負の5年目だ。

■ 公式戦個人年度別成績

年度	所属球団	試合	打数	安打	本塁打	打点	盗塁	打率
2016	オリックス	64	161	36	0	7	1	.224
2017	オリックス	122	345	85	2	21	7	.246
2018	オリックス	128	377	87	4	28	15	.231
2019	オリックス	91	302	79	3	28	11	.262
通算	4年	405	1185	287	9	84	34	.242

■ 二軍公式戦個人年度別成績

年度	所属球団	試合	打数	安打	本塁打	打点	盗塁	打率
2016	オリックス	35	122	35	0	9	5	.287
2017	オリックス	5	21	6	0	1	0	.286
2019	オリックス	1	3	2	0	2	0	.667
通算	3年	41	146	43	0	12	5	.295

いつも熱い声援
ありがとうございます

Ohshiro's Q&A

①右打ち②こうじ④海（泳げない）⑤テレビ⑥マグロの刺
身⑦茶⑧いーどぅしサーサー（曲名）⑨黒髪⑭あきらめ
ずに頑張って!!⑮全試合出場

31

OHTA RYO
太田 椋

2001年2月14日(19歳)／181cm・81kg／B型／右投右打／
2年目／大阪府／天理高-オリックス(ドラフト1巡目・19〜)

[初出場] 2019.9.14(京セラドーム大阪)対楽天23回戦　先発遊撃手

確かな足取りで迎える2年目

　昨季のルーキーイヤーは教育リーグでまさかの骨折。厳しいスタートとなったが、体づくりの時間は十分に取れた。復帰後のファームでは、攻守にわたって非凡なものを披露し、能力の高さを証明した。終盤の一軍デビューも、6試合ノーヒット。一軍のレベルの高さを痛感した。オフはスイングスピードアップに取り組んだ。プロ初安打の日は遠くない。

■ 公式戦個人年度別成績

年度	所属球団	試合	打数	安打	本塁打	打点	盗塁	打率
2019	オリックス	6	13	0	0	0	0	.000
通算	1年	6	13	0	0	0	0	.000

■ 二軍公式戦個人年度別成績

年度	所属球団	試合	打数	安打	本塁打	打点	盗塁	打率
2019	オリックス	64	233	60	6	21	4	.258
通算	1年	64	233	60	6	21	4	.258

応援よろしくお願いします
Ohta's Q&A

①全力プレー②りょう③お笑い④辛い食べ物⑤お風呂上がりのコーヒー牛乳⑥焼肉⑦紫⑧ベリーグッドマン⑨気遣いできる人⑩父⑪シンプルが1番!⑫たまに食べるおいしい焼肉⑬海遊館⑭野球を楽しもう!⑮勝利に貢献!

36

YAMAASHI TATSUYA
山足 達也

1993年10月26日(27歳)／174cm・76kg／AB型／右投右打／3年目／大阪府／大阪桐蔭高-立命館大-Honda鈴鹿-オリックス(ドラフト8巡目・18〜)

[初 出 場] 2018.3.30(ヤフオクドーム)対ソフトバンク1回戦　先発二塁手
[初 安 打] 2018.3.30(ヤフオクドーム)対ソフトバンク1回戦　1回中安打(千賀)
[初本塁打] 2018.9.7(ヤフオクドーム)対ソフトバンク19回戦　3回(千賀)
[初 打 点] 2018.5.8(京セラドーム大阪)対日本ハム6回戦　2回(マルティネス)

印象に残るプレーを!

　飛躍を期して臨んだ昨季は、本人の弁を借りると「不甲斐ない成績」に終わった。攻守両面で見せる器用さは何よりの強み。今季は本気でセカンドまたはショートのポジションを獲りにいくつもりだ。「全ての面でレベルアップしないと。最低でも100試合に出て、そこで印象に残るプレーをお見せしたい」と抱負を語る。勝負の3年目が始まる。

いつも応援ありがとうございます
Yamaashi's Q&A

①全力プレー②たつ③映画鑑賞④高いところ⑤黒子のバスケ⑥焼肉⑦ブルー⑧Mr.Children⑨竹内結子⑩大阪桐蔭高校の西谷浩一監督⑪シンプル⑫たまにの外食⑬かりや(串カツ)⑭野球を全力で楽しもう⑮レギュラーを獲る

日々成長

■ 公式戦個人年度別成績

年度	所属球団	試合	打数	安打	本塁打	打点	盗塁	打率
2018	オリックス	25	60	10	1	7	2	.167
2019	オリックス	28	61	10	1	8	0	.164
通算	2年	53	121	20	2	15	2	.165

■ 二軍公式戦個人年度別成績

年度	所属球団	試合	打数	安打	本塁打	打点	盗塁	打率
2018	オリックス	43	156	47	3	13	7	.301
2019	オリックス	58	179	42	3	24	5	.235
通算	2年	101	335	89	6	37	12	.266

38

KOJIMA SHUHEI
小島 脩平

1987年6月5日(33歳)／177cm・78kg／O型／右投左打／9年目／群馬県／桐生第一高-東洋大-住友金属鹿島-オリックス(ドラフト7巡目・12〜)

[初 出 場] 2012.8.16(京セラドーム大阪)対西武16回戦　先発指名打者
[初 安 打] 2012.8.16(京セラドーム大阪)対西武16回戦　3回左安打(牧田)
[初本塁打] 2017.6.24(ほっと神戸)対ロッテ10回戦　8回(大谷)
[初 打 点] 2012.9.3(Kスタ宮城)対楽天20回戦　6回(加藤)

究極の万能型選手

　昨季はスタメンで7つの打順、DHを含む8つのポジションを任された。どの持ち場でも力を発揮できるのはこの世界では大きな強み。「複数の役割は準備が大変な部分もある。でも、意気に感じるのも事実」と本人は課せられた“重労働”の中の“やり甲斐”を強調する。究極の万能選手が目指すのは得点圏打率3割だ。

熱い応援よろしくお願いします
Kojima's Q&A

①真面目に練習②コジ③カフェ④セミ⑤喫茶店⑥やきそば⑦黒⑨しっかりした女性⑩オグリキャップ⑫喫茶店でモーニング⑬夜景⑭今を大切に⑮結果にこだわって勝ちます

結果出す

■ 公式戦個人年度別成績

年度	所属球団	試合	打数	安打	本塁打	打点	盗塁	打率
2012	オリックス	29	87	19	0	2	1	.218
2013	オリックス	17	22	1	0	0	2	.045
2014	オリックス	10	1	0	0	0	2	.000
2015	オリックス	41	47	8	0	6	3	.170
2016	オリックス	79	199	49	0	9	6	.246
2017	オリックス	61	146	35	2	19	3	.240
2018	オリックス	40	50	6	0	3	1	.120
2019	オリックス	103	246	54	4	18	7	.220
通算	8年	380	816	172	6	56	26	.211

■ 二軍公式戦個人年度別成績

年度	所属球団	試合	打数	安打	本塁打	打点	盗塁	打率
2012	オリックス	44	151	38	0	11	2	.252
2013	オリックス	61	159	34	0	9	10	.214
2014	オリックス	69	156	33	0	7	8	.212
2015	オリックス	37	91	19	0	3	3	.209
2016	オリックス	25	77	16	0	6	2	.208
2017	オリックス	23	75	21	1	9	2	.280
2018	オリックス	55	157	45	2	19	2	.287
2019	オリックス	5	8	0	0	0	0	.000
通算	8年	319	874	206	3	64	29	.236

53

GIBO SHO

宜保 翔

2000年11月26日(20歳)／175cm・72kg／O型／右投左打／
2年目／沖縄県／KBC学園未来高沖縄-オリックス(ドラフト5
巡目・19〜)

[初 出 場] 2019.9.6(札幌ドーム)対日本ハム20回戦　先発遊撃手
[初 安 打] 2019.9.23(京セラドーム大阪)対ソフトバンク23回戦　3回左中二(高橋)

2年目の飛躍へフィジカル強化

　ルーキーイヤー終盤には一軍デビューを飾り、プロ初安打をマークするなど、あらためて、センスの高さを証明して見せた。オフには台湾でのウインターリーグに参加、特に守備面での成果を本人は口にする。フィジカル面の強化も成果を見せ始め、手応えを感じて臨む2年目のシーズン。ここは一気に一軍定着を目指したい。

■ 公式戦個人年度別成績

年度	所属球団	試合	打数	安打	本塁打	打点	盗塁	打率
2019	オリックス	8	26	6	0	0	0	.231
通算	1年	8	26	6	0	0	0	.231

■ 二軍公式戦個人年度別成績

年度	所属球団	試合	打数	安打	本塁打	打点	盗塁	打率
2019	オリックス	111	375	85	0	20	13	.227
通算	1年	111	375	85	0	20	13	.227

いつも応援ありがとうございます
球場を沸かせられるようなプレーが
できるよう頑張りますので、
応援よろしくお願いします

Gibo's Q&A

①全力疾走②ぎぼちゃん③スマホゲーム④ゴキブリ⑤映画⑥ラーメン⑦赤⑧かりゆし58⑨清潔感があって、笑顔がすてきな人⑩室伏広治⑫食後のドーナツ&スタバ⑭形にとらわれず、のびのびプレーしてください⑮守備でガッツを見せる

64

HIROSAWA SHINYA

廣澤 伸哉

1999年8月11日(21歳)／175cm・74kg／B型／右投右打／
3年目／大分県／大分商高-オリックス(ドラフト7巡目・18〜)

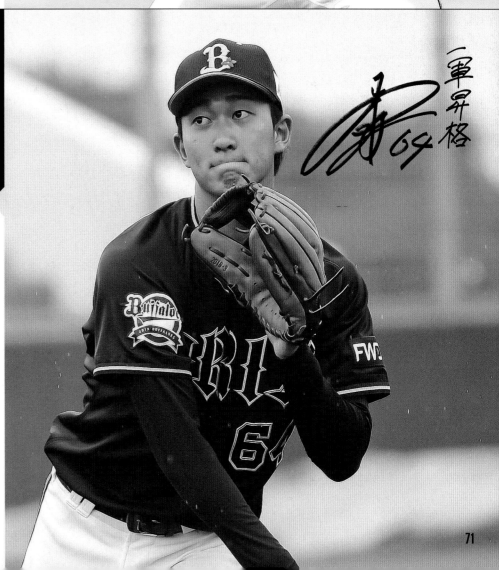

プレー精度を高めて一軍へ

　昨季はファームで90試合に出場し、多くの試合経験を積めた事は大きな収穫。それでも「打撃のみならず、バントや守備でも精度、確実性を上げていかないといけない」とレベルアップを誓う。台湾でのウインターリーグでは3割を超えるアベレージを残して成果も見え始めてきた。3年目の今季、目指すは一軍デビューだ。

■ 二軍公式戦個人年度別成績

年度	所属球団	試合	打数	安打	本塁打	打点	盗塁	打率
2018	オリックス	60	141	25	0	10	0	.177
2019	オリックス	90	153	24	0	6	5	.157
通算	2年	150	294	49	0	16	5	.167

応援ありがとうございます
今季も頑張ります

Hirosawa's Q&A

①守備！②しんや③漫画④虫⑤寝る前の時間⑥甘い物⑦青⑧ONE OK ROCK⑨話しやすい人⑩川崎宗則さん⑪黒系⑫疲れたときのアイス⑬梅田⑭つらいときも頑張ろう⑮一軍昇格

67

NAKAGAWA KEITA

中川 圭太

1996年4月12日(24歳)／180cm・76kg／B型／右投右打／2年目／
大阪府／PL学園高-東洋大-オリックス(ドラフト7巡目・19〜)

[初 出 場] 2019.4.20(楽天生命パーク)対楽天5回戦　9回代打
[初 安 打] 2019.4.24(ヤフオクドーム)対ソフトバンク5回戦　3回右安打(武田)
[初本塁打] 2019.5.10(ほっと神戸)対楽天7回戦　5回(美馬)
[初 打 点] 2019.4.24(ヤフオクドーム)対ソフトバンク5回戦　9回(森)

飛躍の2年目　規定打席到達を!

　ルーキーイヤーは不慣れな外野の守備にも就いて出
場機会を増やしたが、今季はサードのポジションを狙いに
いく。4月24日のホークス戦では、土壇場の9回に相手
クローザーから同点のタイムリースリーベースを放つなど、
その勝負強さは新人離れしたものだった。さらに、交流
戦では首位打者(打率.386)に輝いた。長丁場のシー
ズンは初めての経験で、途中何度か、疲労からの不振
に陥ったこともあった。だが、それもペース配分を知った
今季は心配に値しない。走・攻・守全ての面でパワーアッ
プした中川圭太が目指すものは、規定打席到達だ。

■ 公式戦個人年度別成績

年度	所属球団	試合	打数	安打	本塁打	打点	盗塁	打率
2019	オリックス	111	364	105	3	32	9	.288
通算	1年	111	364	105	3	32	9	.288

■ 二軍公式戦個人年度別成績

年度	所属球団	試合	打数	安打	本塁打	打点	盗塁	打率
2019	オリックス	22	82	24	2	17	8	.293
通算	1年	22	82	24	2	17	8	.293

頑張ります

Nakagawa's Q&A

①勝負強さ②圭太④絶叫マシン⑤愛犬(モカ)⑥プリン
⑦金⑧BTS⑨美しい大人な女性⑭ともに頑張りましょう
⑮規定打席到達

120

OKAZAKI DAISUKE

岡﨑 大輔

1998年9月17日(22歳)／182cm・75kg／AB型／右投左打／
4年目／埼玉県／花咲徳栄高-オリックス(ドラフト3巡目・17〜)

[初出場] 2017.10.3(札幌ドーム)対日本ハム24回戦　8回代走
[初安打] 2017.10.7(京セラドーム大阪)対楽天25回戦　3回中安打(藤平)
[初打点] 2017.10.9(ZOZOマリン)対ロッテ25回戦　2回(酒居)

育成からのリスタート

　育成からの再スタートとなる今季、背番号は重たくなったが、支配下再登録に向けてしっかりと前を見つめている。これまで3年間の守備重視のスタイルから、打撃面向上にフォーカスするという、大きな方針転換を決意した。勇気ある決断である。求められるのは、目に見える変化。変わりゆく姿でアピールしていく!

■ 公式戦個人年度別成績

年度	所属球団	試合	打数	安打	本塁打	打点	盗塁	打率
2017	オリックス	5	14	2	0	1	0	.143
通算	1年	5	14	2	0	1	0	.143

■ 二軍公式戦個人年度別成績

年度	所属球団	試合	打数	安打	本塁打	打点	盗塁	打率
2017	オリックス	80	199	31	0	7	3	.156
2018	オリックス	82	256	59	1	16	0	.230
2019	オリックス	75	118	27	0	9	1	.229
通算	3年	237	573	117	1	32	4	.204

今季もよろしくお願いします
Okazaki's Q&A
②ザキ④睡魔⑤温泉⑧GReeeeN⑬上方
温泉一休⑮下剋上

129

HIYANE AKIHITO

比屋根 彰人

1999年8月25日(21歳)／180cm・96kg／A型／右投右打／
3年目／沖縄県／飛龍高-オリックス(ドラフト育成3巡目・18〜)

パワフルな打撃でアピール

　プロ入り後に専念を決めた内野の守備も随分板についてきた。ファームでの出場機会も増え、より多くの実戦を経験できた。長所は何といってもパワフルなバッティング。変化球への対応力をつけ、確実性を高めてアピールしたい。長打が打てる内野手は貴重な存在。和製大砲候補。まずは、支配下登録を勝ち取りたい。

■ 公式戦個人年度別成績

年度	所属球団	試合	打数	安打	本塁打	打点	盗塁	打率
2018	オリックス	18	39	8	0	0	0	.205
2019	オリックス	64	139	22	2	8	0	.158
通算	2年	82	178	30	2	8	0	.169

熱い声援ありがとうございます
今季も応援よろしくお願いします
Hiyane's Q&A
①打撃!(飛距離)②"そやねー"か"ちゅきちゅき"(笑)③
AAAオタク④白崎さん⑤睡眠、音楽⑥ひーじゃー(やぎ)
⑦青⑧C&K、AAA⑨自分より小さくて少し天然でドンくさい人⑩小谷野栄一さん⑪あえて普通⑫風呂上がりのレモンティー⑬海遊館⑭夢に向かって頑張れ!⑮支配下登録

73

見せたい景色が、ある。

感じてほしい気持ちが、ある。

だから、もっと冒険しよう。

もっと、遠くへ。

もっと、家族と。

| FORESTER

歩行者保護エアバッグ　アイサイト・ツーリングアシスト　標準装備

OUTFIELDER

外野手

首脳陣諸氏はチーム内での競争をしばしば口にするが、

このチームの外野手争いはこれまでのそれとは様相を異にする。

レギュラーの中堅手不在は、ここ数年の慢性的な課題であった。

しかし、超大物助っ人の加入が状況を一変させた。MLBトップクラスのニューカマーは、

一気にこのチームの外野のレベルを押し上げることに。

そこに、ベストナインに輝いた主砲が左翼を占めれば、残る枠はひとつだけ。

競争は確実に激化した。そこを勝ち抜くのは誰なのか。

この戦いは、ある意味試合を観るより興味深いものとなりそうだ。

00	西浦 颯大
1	スティーブン・モヤ
6	宗 佑磨
8	後藤 駿太
25	西村 凌
34	吉田 正尚
41	佐野 皓大
50	小田 裕也
55	T-岡田
56	松井 佑介
59	根本 薫
99	杉本 裕太郎

00

NISHIURA HAYATO
西浦 颯大

1999年5月21日(21歳)／178cm・70kg／A型／右投左打／3年目／熊本県／明徳義塾高-オリックス(ドラフト6巡目・18～)

[初 出 場] 2018.10.1(楽天生命パーク)楽天25回戦　先発右翼手
[初 安 打] 2018.10.1(楽天生命パーク)楽天25回戦　5回右安打(藤平)
[初本塁打] 2019.5.10(ほっともっとフィールド神戸)対楽天7回戦　6回(青山)
[初 打 点] 2019.3.29(札幌ドーム)対日本ハム1回戦　4回(上沢)

助走期間は終わった。飛躍へ

　2年目は一軍のゲームを多く経験し、その雰囲気には馴れたはず。守りではその脚力と肩でチームのピンチを幾度となく救った。今季は「打撃面でチームに貢献したい」との思いは強い。豪州での武者修行では結果を残し、たくましさを増して帰ってきた。レギュラーの座を奪いに行く3年目。飛躍を大いに期待したい。

いつも応援ありがとうございます
今年は期待に応えられるように
頑張ります

Nishiura's Q&A

①肩②ハヤト③服を見る⑤YouTube⑥馬刺し⑦ピンク、赤⑧NG HEAD、ノーベルブライト⑨おもしろくて、よく笑う人⑩イチローさん⑪VETEMENTS⑫タクシーを結構つかう⑬meme mori⑭"頑張るときはいつも今"⑮フル試合出場

■ 公式戦個人年度別成績

年度	所属球団	試合	打数	安打	本塁打	打点	盗塁	打率
2018	オリックス	2	6	1	0	0	0	.167
2019	オリックス	77	220	43	1	18	8	.195
通算	2年	79	226	44	1	18	9	.195

■ 二軍公式戦個人年度別成績

年度	所属球団	試合	打数	安打	本塁打	打点	盗塁	打率
2018	オリックス	49	130	26	1	15	4	.200
2019	オリックス	43	144	38	0	15	8	.264
通算	2年	92	274	64	1	30	12	.234

1

STEVEN MOYA
スティーブン・モヤ

1991年8月9日(29歳)／201cm・117kg／右投左打／3年目／プエルトリコ／セナベック高-デトロイト・タイガース(08～17)-中日(18～19)-オックス(19～)

[初 出 場] 2018.4.20(ナゴヤドーム)対広島4回戦　先発一塁手
[初 安 打] 2018.4.20(ナゴヤドーム)対広島4回戦　3回右安打(野村)
[初本塁打] 2018.4.21(ナゴヤドーム)対広島5回戦　8回(ジャクソン)
[初 打 点] 2018.4.20(ナゴヤドーム)対広島4回戦　3回(野村)

長身の長距離砲、競争に勝つ！

　昨シーズン途中に中日から加入。7月3日の千葉ロッテ戦では移籍後の初打席で京セラドームにアーチを架けた。ド派手なバファローズデビューだった。本来のポジションは外野手ではあるが、不馴れなファーストの守備も無難にこなす器用さも持ち併せる。彼の長打力は魅力十分。外国人選手枠を争う競争にも負けない！

■ 公式戦個人年度別成績

年度	所属球団	試合	打数	安打	本塁打	打点	盗塁	打率
2018	中 日	46	93	28	3	16	0	.301
2019	中 日	7	22	5	1	3	0	.227
2019	オリックス	64	242	59	10	35	0	.244
通算	2年	117	357	92	14	54	0	.258

■ 二軍公式戦個人年度別成績

年度	所属球団	試合	打数	安打	本塁打	打点	盗塁	打率
2018	中 日	28	102	30	3	15	1	.294
2019	オリックス	56	203	64	12	36	0	.315
通算	2年	84	305	94	15	51	1	.308

今年は我々が持っている全てを
チームの勝利のため、注ぎ込みます
ファンの方々が球場で最高の経験ができるように
我々は全力で闘います

Moya's Q&A

①休憩なしで動き続けることもできる強さ②モー③映画を観ること④歌うこと⑤ジーザス クライスト⑥ドミニカ料理⑦ネイビー⑧Tauren wells⑨奥さん⑩Jamie fox⑪ルイ・ヴィトン⑫電化製品⑬三宮駅歓迎(映画もショッピングも可)⑭一生懸命トレーニングをしてミスをおそれずに、好きなことを諦めないで。心と体をコントロールする力を身につけてください⑮チームの勝利に貢献し、優勝すること

6

MUNE YUMA
宗 佑磨

1996年6月7日（24歳）／181cm・83kg／B型／右投左打／
6年目／東京都／横浜隼人高-オリックス（ドラフト2巡目・15〜）

[初 出 場] 2016.9.18（ヤフオクドーム）対ソフトバンク24回戦　先発遊撃手
[初 安 打] 2017.9.27（京セラドーム大阪）対日本ハム23回戦　5回左安打（斎藤）
[初本塁打] 2018.4.30（京セラドーム大阪）対ソフトバンク6回戦　1回（中田）
[初 打 点] 2018.4.3（京セラドーム大阪）対ロッテ1回戦　5回（石川）

ブレイクへ！ 機は熟した

オフの豪州ウインターリーグでは一定の成果を残し、持ち帰った収穫は大きかった。今季は外野のみならず内野での起用にも備えることになる。「守備ならどこでを任されても負けるつもりはない。レギュラーを目指す」と力強く語る。今となっては、以前のような線の細さは感じられない。6年目、ブレイクの予感しかない。

いつも声援ありがとうございます。
頑張ります！

Mune's Q&A

④甲殻類⑤映画⑥ラーメン、カレー⑦黒、オレンジ、黄⑫TVからのチューハイ⑭自分との勝負！

■ 公式戦個人年度別成績

年度	所属球団	試合	打数	安打	本塁打	打点	盗塁	打率
2016	オリックス	3	4	0	0	0	0	.000
2017	オリックス	10	22	4	0	0	0	.182
2018	オリックス	74	266	62	5	22	3	.233
2019	オリックス	54	148	40	2	14	7	.270
通算	4年	141	440	106	7	36	10	.241

■ 二軍公式戦個人年度別成績

年度	所属球団	試合	打数	安打	本塁打	打点	盗塁	打率
2015	オリックス	16	21	7	0	1	0	.333
2016	オリックス	60	125	34	3	12	3	.272
2017	オリックス	104	383	107	1	34	8	.279
2018	オリックス	23	84	20	0	10	2	.238
2019	オリックス	48	154	41	1	25	8	.266
通算	5年	251	767	209	5	82	21	.272

継続ハ力ナリ

8

GOTOH SHUNTA
後藤 駿太

1993年3月5日（27歳）／180cm・83kg／A型／右投左打／
10年目／群馬県／前橋商高-オリックス（ドラフト1巡目・11〜）

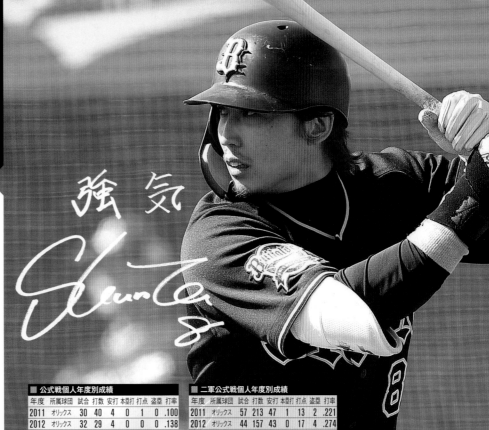

[初 出 場] 2011.4.12（京セラドーム大阪）対ソフトバンク1回戦　先発右翼手
[初 安 打] 2011.4.20（ほっと神戸）対日本ハム2回戦　3回右安打（ウルフ）
[初本塁打] 2013.6.30（京セラドーム大阪）対楽天10回戦　1回（ダックワース）
[初 打 点] 2011.4.20（ほっと神戸）対日本ハム2回戦　9回（林）

打撃を磨いて、今季こそ

節目の10年目。脚と肩を活かした守備力は球界トップクラス。色褪せない守りは彼の大きな魅力であり強みである。「ポジション獲得に必要なものは打撃力」と、自らも認める課題は明白だ。ただ、元来はバッティングセンスに富む選手。少しのキッカケと自信で見える景色は違ってくる。今季も周囲の期待は変わらない。

これからも宜しくお願いします

Gotoh's Q&A

①オーラ②お好きにどうぞ！ ③お花の水やり④ピッチャー⑤子ども⑤すし⑦黄色、金色⑧なんでも⑨センスの良い人⑩前澤友作⑪全部⑫寝ること⑬神戸全部⑭楽しんで野球をやってください!! ⑮キャリアハイ

強気

■ 公式戦個人年度別成績

年度	所属球団	試合	打数	安打	本塁打	打点	盗塁	打率
2011	オリックス	30	40	4	0	1	0	.100
2012	オリックス	32	29	4	0	0	0	.138
2013	オリックス	117	201	40	3	12	4	.199
2014	オリックス	127	246	69	5	30	5	.280
2015	オリックス	135	334	78	2	31	8	.234
2016	オリックス	105	214	41	1	9	3	.192
2017	オリックス	129	296	71	2	27	4	.240
2018	オリックス	33	37	8	0	4	2	.216
2019	オリックス	91	165	37	1	22	4	.224
通算	9年	799	1562	352	14	136	30	.225

■ 二軍公式戦個人年度別成績

年度	所属球団	試合	打数	安打	本塁打	打点	盗塁	打率
2011	オリックス	57	213	47	1	13	2	.221
2012	オリックス	44	157	43	0	17	4	.274
2013	オリックス	13	44	13	0	5	1	.295
2014	オリックス	9	34	12	1	2	1	.353
2015	オリックス	4	16	4	0	2	0	.250
2016	オリックス	20	71	18	0	3	5	.254
2017	オリックス	6	20	3	0	1	0	.150
2018	オリックス	64	227	37	0	13	4	.163
2019	オリックス	19	51	9	0	7	1	.176
通算	9年	236	778	177	2	56	17	.228

25

NISHIMURA RYO
西村 凌

1996年2月21日(24歳)／178cm・84kg／O型／右投右打／
3年目／滋賀県／青森山田高-SUBARU-オリックス(ドラフト
5巡目・18〜)

[初 出 場] 2018.5.29(ナゴヤドーム)対中日1回戦　4回中堅手
[初 安 打] 2018.5.29(ナゴヤドーム)対中日1回戦　6回中安打(福谷)
[初本塁打] 2018.6.8(神宮)対ヤクルト1回戦　3回(ハフ)
[初 打 点] 2018.5.29(ナゴヤドーム)対中日1回戦　6回(福谷)

つかんだ手応え！打撃で勝負

　バッティングに関しては、試行錯誤を繰り返しながらも、手応え
を感じた2年目だった。体の使い方を見直すことで、好不調の
波の触れ幅を小さく抑えることができたという。本来の強みはパ
ンチの効いた打撃。それだけに「打撃で貢献したい。そのため
に試合に出てアピールする」と決意は固い。勝負強さを見せて
ほしい。

**ファンの皆様1年間応援ありがとうございます
今季も皆様のために全力で頑張りますので、
引き続き応援よろしくお願いします**

Nishimura's Q&A

①全力プレー②ムー③パン④寒さ⑤犬⑥パスタ、パン⑦青、
黒⑨元気な方⑫レッドブル⑬梅田⑭練習あるのみ!! ⑮1年
間ケガなく頑張る

■ 公式戦個人年度別成績

年度	所属球団	試合	打数	安打	本塁打	打点	盗塁	打率
2018	オリックス	31	88	17	2	8	2	.193
2019	オリックス	19	49	13	2	4	2	.265
通算	2年	50	137	30	4	12	4	.219

■ 二軍公式戦個人年度別成績

年度	所属球団	試合	打数	安打	本塁打	打点	盗塁	打率
2018	オリックス	65	224	69	4	25	4	.308
2019	オリックス	76	217	51	3	17	3	.235
通算	2年	141	441	120	7	42	7	.272

34

YOSHIDA MASATAKA

吉田 正尚

1993年7月15日(27歳)／173cm・85kg／B型／右投左打／
5年目／福井県／敦賀気比高-青山学院大-オリックス(ドラフト1巡
目・16〜)

[初 出 場] 2016.3.25(西武プリンス)対西武1回戦　先発指名打者
[初 安 打] 2016.3.25(西武プリンス)対西武1回戦　7回左安打(郭)
[初本塁打] 2016.8.18(札幌ドーム)対日本ハム18回戦　3回(増井)
[初 打 点] 2016.3.29(札幌ドーム)対日本ハム1回戦　6回(吉川)

《 表彰 》ベストナイン＜外＞(18、19)

新たな相棒を得て、主砲炸裂!

　進化を止めないスラッガー。入団後の2シーズンは腰
の故障で苦しんだが、ここ2年は連続で全試合出場を果
たし、チームの中軸としての地位は揺るぎないものに。
昨季は開幕直後の不調はあったものの、終わってみれ
ば、打率、安打数、ホームラン、出塁率でキャリアハイを
マークした。ただ、孤軍奮闘を続ける主砲に対する相手
マークは徹底して厳しいものになっていたのも事実。そ
んな状況を一変させる要因が現役大物メジャーリーガー
の加入だ。「ジョーンズとふたりで!」と本人も、尊敬する
新しい相棒を歓迎する。今年こそ、タイトル奪取だ!

■ 公式戦個人年度別成績

年度	所属球団	試合	打数	安打	本塁打	打点	盗塁	打率
2016	オリックス	63	231	67	10	34	0	.290
2017	オリックス	64	228	71	12	38	1	.311
2018	オリックス	143	514	165	26	86	3	.321
2019	オリックス	143	521	168	29	85	5	.322
通算	4年	413	1494	471	77	243	9	.315

■ 二軍公式戦個人年度別成績

年度	所属球団	試合	打数	安打	本塁打	打点	盗塁	打率
2016	オリックス	10	33	11	1	4	0	.333
2017	オリックス	5	14	3	1	2	0	.214
通算	2年	15	47	14	2	6	0	.298

Thank you.

Yoshida's Q&A

①おまかせします②お好きに③家電④乾燥⑤my犬・
my猫⑥スタミナ麺⑦パッションカラー⑧クラシック⑨頑張っ
ているキミ⑩室伏広治氏⑪ハイブランド⑫好きな物を買う
⑬うつぼ公園、犬が走れる所⑭いっぱい食べて、運動し
て、寝る⑮打率タイトル

41

SANO KODAI
佐野 皓大

1996年9月2日(24歳)／182cm・73kg／A型／右投右打／
6年目／大分県／大分高-オリックス(ドラフト3巡目・15〜)

[初 出 場] 2018.10.5(京セラドーム大阪)対ソフトバンク25回戦　8回代走
[初 安 打] 2019.4.2(京セラドーム大阪)対ソフトバンク1回戦　9回右打(川原)
[初本塁打] 2019.7.6(ほっと神戸)対ソフトバンク14回戦　5回(大竹)
[初 打 点] 2019.4.27(京セラドーム大阪)対西武4回戦　6回(野田)

最大の武器＝走力で勝負

　最大の強みはその走力。一軍のゲームに出場する中で、「足は通用する」と感じたという。今季はこれまで取り組んでいた"両打ち"を捨て、右打席に専念することを決意。打撃面で、しっかり結果を示したい。豪州ウインターリーグでの経験もプラスになるはず。将来的に目指すゴールは"盗塁王"。そこへの第一歩を記したい。

> いつも応援ありがとうございます
> これからもたくさんの応援
> よろしくお願いします

Sano's Q&A

①走力②何でも③スニーカー④エビ⑤愛犬⑥タン、いちご
⑦オレンジ、水色⑧キマグレン⑨いつも笑顔で楽しそうにしている人⑪ハリウッドランチマーケット⑫スニーカーを買う
⑬天王寺動物園⑭しらしんけん頑張れ！⑮盗塁王

■ 公式戦個人年度別成績

年度	所属球団	試合	打数	安打	本塁打	打点	盗塁	打率
2018	オリックス	1	0	0	0	0	0	.000
2019	オリックス	68	121	25	1	9	12	.207
通算	2年	69	121	25	1	9	12	.207

■ 二軍公式戦個人年度別成績

年度	所属球団	試合	打数	安打	本塁打	打点	盗塁	打率
2015	オリックス	17	0	0	0	0	0	.000
2016	オリックス	20	0	0	0	0	0	.000
2017	オリックス	6	0	0	0	0	0	.000
2018	オリックス	72	175	32	1	4	6	.183
2019	オリックス	21	84	24	1	8	9	.286
通算	5年	136	259	56	2	12	15	.216

50

ODA YUYA
小田 裕也

1989年11月4日(31歳)／172cm・75kg／O型／右投左打／
6年目／熊本県／九州学院高-東洋大-日本生命-オリックス
(ドラフト8巡目・15〜)

[初 出 場] 2015.8.5(QVCマリン)対ロッテ15回戦　先発右翼手
[初 安 打] 2015.8.5(QVCマリン)対ロッテ15回戦　3回右安打(イ・デウン)
[初本塁打] 2015.8.12(ヤフオクドーム)対ソフトバンク18回戦　3回(中田)
[初 打 点] 2015.8.12(ヤフオクドーム)対ソフトバンク18回戦　3回(中田)

打って、走って定位置を獲る

　シーズン序盤はスタメンでの出場機会も多く、勝負強い打撃を披露できたが、故障で戦列を離れ、悔しい思いを。それでも、走・攻・守、全ての面でのバランスの良さで、首脳陣からの信頼は厚い。「ケガなく、打率3割、盗塁20」と明確な数字を目標として掲げる。チームの"顔"とも言える甘いマスクがグランドを駆け回る！

> いつも温かい声援
> ありがとうございます

Oda's Q&A

①ふくらはぎ②ゆうや③無趣味④花粉⑤湯船⑥トンカツ
⑦赤⑧WANIMA⑨自分をちゃんともっている人⑩両親
⑪スーツ⑫移動でのスタバ⑬十文字(神戸)⑭楽しいことを続けてください⑮ケガをしない

■ 公式戦個人年度別成績

年度	所属球団	試合	打数	安打	本塁打	打点	盗塁	打率
2015	オリックス	31	89	29	2	6	6	.326
2016	オリックス	78	51	7	0	3	4	.137
2017	オリックス	43	17	1	0	0	0	.059
2018	オリックス	90	143	41	2	15	10	.287
2019	オリックス	82	180	37	3	21	9	.206
通算	5年	324	480	115	7	45	29	.240

■ 二軍公式戦個人年度別成績

年度	所属球団	試合	打数	安打	本塁打	打点	盗塁	打率
2015	オリックス	66	138	33	1	15	4	.239
2016	オリックス	13	40	9	0	2	1	.225
2017	オリックス	56	170	38	0	19	4	.224
2018	オリックス	9	22	5	0	1	0	.227
2019	オリックス	8	22	2	0	1	0	.091
通算	5年	152	392	87	1	38	10	.222

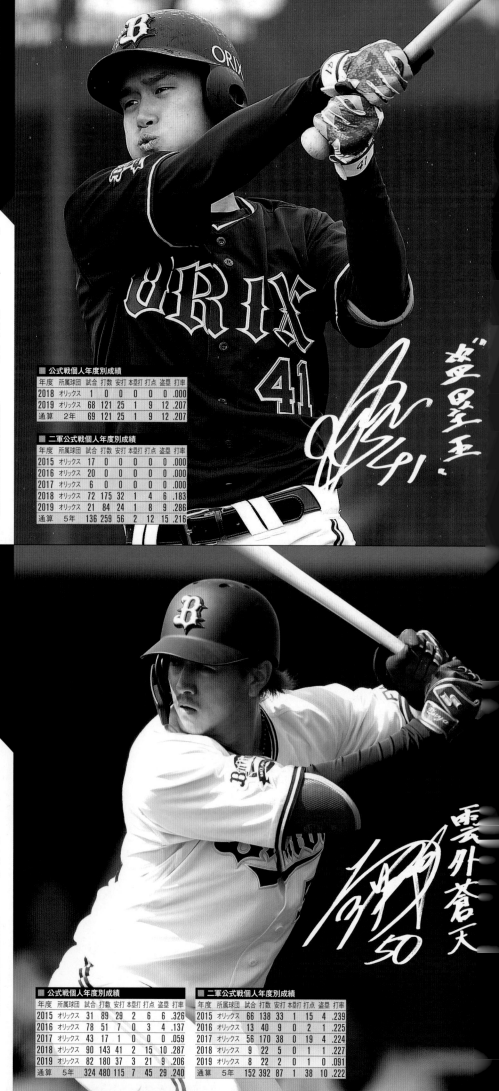

55
T-OKADA
T-岡田

1988年2月9日(32歳)／187cm・100kg／B型／左投左打／
15年目／大阪府／履正社高-オリックス(高ドラフト1巡目・06〜)

[初 出 場] 2006.8.10(京セラドーム大阪)対西武15回戦　6回右翼手
[初 安 打] 2006.8.18(スカイマーク)対楽天14回戦　6回左安打(山村)
[初本塁打] 2009.8.14(スカイマーク)対ソフトバンク15回戦　5回(ジャマーノ)
[初 打 点] 2009.5.20(京セラドーム大阪)対広島2回戦　8回(林)

《タイトル》本塁打王(10)
《 表 彰 》ベストナイン<外>(10)、ゴールデングラブ賞<ー>(14)

精進

いつも応援ありがとうございます
今年こそ優勝して一緒に喜びましょう!

T-Okada's Q&A

①全部②T③野球④パクチー⑤息子⑥マネケンのワッフル⑦白、黒⑧ベリーグッドマン⑨妻⑩イチローさん⑪ロンハーマン⑫家族でおいしい物を食べに行く⑬エキスポシティ⑭楽しむことを忘れないで!⑮キャリアハイ

浪速の豪砲復活へ

　ほとんど全ての数字がキャリアワースト。「振り返りたくないシーズン」と、言い放った本人の気持ちを読み取ることはたやすい。オフには"プレー環境を変える"という選択肢もあった。それでも、彼が選んだのは、このチームでのプレー。昨季の最終戦で、代打起用の彼に送られた満員のスタンドからの声援の大きさは、まさに浪速の豪砲にかける期待と、今なお続く人気の大きさの証だった。オフにはプエルトリコでのウインターリーグに参加し、持ち帰った収穫は貴重なもの。彼が京セラドームの外野スタンドに架ける美しいアーチが目に浮かぶ!

■ 公式戦個人年度別成績

年度	所属球団	試合	打数	安打	本塁打	打点	盗塁	打率
2006	オリックス	3	6	1	0	0	0	.167
2009	オリックス	43	139	22	7	13	0	.158
2010	オリックス	129	461	131	33	96	0	.284
2011	オリックス	134	492	128	16	85	4	.260
2012	オリックス	103	378	106	10	56	4	.280
2013	オリックス	58	189	42	4	18	2	.222
2014	オリックス	130	472	127	24	75	4	.269
2015	オリックス	105	389	109	11	51	2	.280
2016	オリックス	123	454	129	24	76	5	.284
2017	オリックス	143	504	134	31	68	2	.266
2018	オリックス	97	298	67	13	43	2	.225
2019	オリックス	20	50	6	1	2	0	.120
通算	12年	1088	3832	1002	170	583	25	.261

■ 二軍公式戦個人年度別成績

年度	所属球団	試合	打数	安打	本塁打	打点	盗塁	打率
2006	サーパス	82	298	73	5	27	6	.245
2007	サーパス	68	236	58	4	25	2	.246
2008	サーパス	83	264	57	5	28	2	.216
2009	オリックス	65	258	76	21	59	2	.295
2011	オリックス	5	20	6	1	5	0	.300
2012	オリックス	5	17	3	1	2	0	.176
2013	オリックス	32	125	43	4	24	1	.344
2014	オリックス	8	29	7	1	4	0	.241
2015	オリックス	12	41	10	0	3	0	.244
2016	オリックス	8	29	6	2	5	0	.207
2018	オリックス	9	30	5	1	1	0	.167
2019	オリックス	34	99	21	3	13	1	.212
通算	12年	411	1446	365	48	192	14	.252

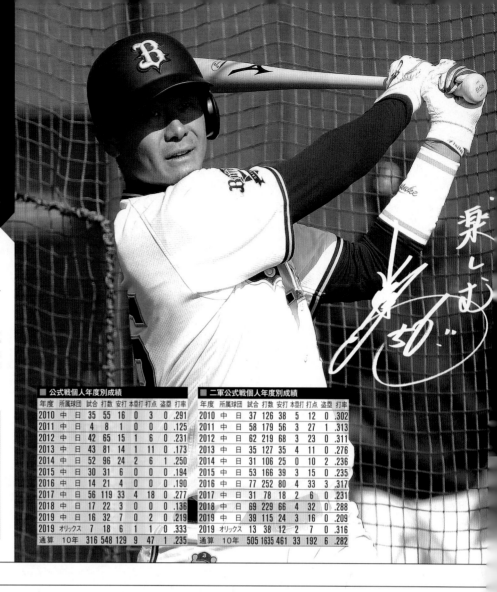

56

MATSUI YUSUKE
松井 佑介

1987年7月10日(33歳)／185cm・87kg／O型／右投右打／11年目／大阪府／大阪商業大堺高-東京農業大-中日(ドラフト4巡目・10〜19)-オリックス(19〜)

[初 出 場] 2010.3.26(ナゴヤドーム)対広島1回戦　8回代打
[初 安 打] 2010.3.27(ナゴヤドーム)対広島2回戦　7回左安打(大島)
[初本塁打] 2012.8.2(東京ドーム)対巨人15回戦　3回(杉内)
[初 打 点] 2010.5.1(マツダスタジアム)対広島8回戦　6回(ベイル)

結果にこだわる移籍2年目

シーズン途中の移籍で、環境の変化という難しさは当然あった。中日時代は勝負強い代打の切り札的存在も、このチームではレギュラーポジション獲得を目指す。若い選手の中にあってはもはや、中堅。そのプレーで後輩に手本を示すという役割も自覚している。地元・大阪に戻っての2年目。結果にこだわっていく。

いつも応援ありがとうございます
もっともっと球場に足を運んで頂いて
応援して頂けるとうれしいです
宜しくお願いします

Matsui's Q&A

①フルスイング②ゆうすけ③晩酌④しいたけ⑤子ども⑥カレーライス⑦赤、黄色⑧[Alexandros]⑨篠原涼子⑩新庄剛志さん⑪イタリアンレストラン⑫サウナ上がりのフルーツオーレ⑬ホルモン鍋のお店⑭挨拶、礼儀を大切に⑮1年間通して一軍の戦力

■ 公式戦個人年度別成績

年度	所属球団		試合	打数	安打	本塁打	打点	盗塁	打率
2010	中	日	35	55	16	0	3	0	.291
2011	中	日	4	8	1	0	0	0	.125
2012	中	日	42	65	15	1	6	0	.231
2013	中	日	43	81	14	1	11	0	.173
2014	中	日	52	96	24	2	6	1	.250
2015	中	日	30	31	6	0	0	0	.194
2016	中	日	14	21	4	0	0	0	.190
2017	中	日	56	119	33	4	18	0	.277
2018	中	日	17	22	3	0	0	0	.136
2019	中	日	16	32	7	0	2	0	.219
2019	オリックス		7	18	6	1	1	0	.333
通算	10年		316	548	129	9	47	1	.235

■ 二軍公式戦個人年度別成績

年度	所属球団		試合	打数	安打	本塁打	打点	盗塁	打率
2010	中	日	37	126	38	5	12	0	.302
2011	中	日	58	179	56	3	27	1	.313
2012	中	日	62	219	68	3	23	0	.311
2013	中	日	35	127	35	4	11	0	.276
2014	中	日	31	106	25	0	10	2	.236
2015	中	日	53	166	39	3	15	0	.235
2016	中	日	77	252	80	4	33	3	.317
2017	中	日	31	78	18	2	6	0	.231
2018	中	日	69	229	66	4	32	0	.288
2019	中	日	39	115	24	3	16	0	.209
2019	オリックス		13	38	12	2	7	0	.316
通算	10年		505	1635	461	33	192	6	.282

59
NEMOTO KAORU
根本 薫

1998年7月29日(22歳)／185cm·88kg／B型／左投左打／4年目／茨城県／霞ヶ浦高-オリックス(ドラフト9巡目・17～)

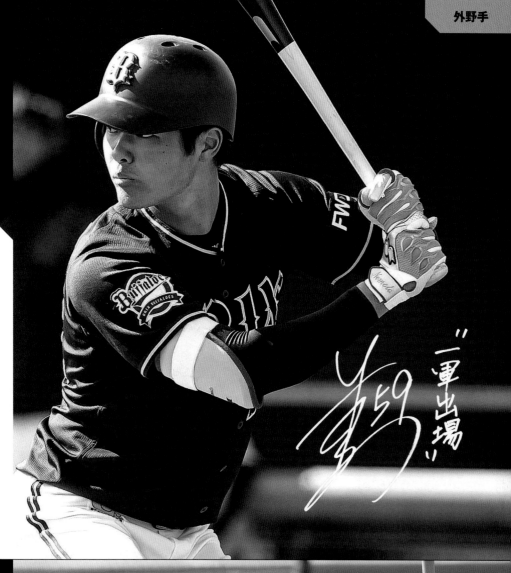

"一軍出場"

一軍デビュー目指して

「多くの試合に出させてもらいました」と振り返るシーズンは、チームで唯一、ウエスタンリーグ全試合（117試合）出場というものだった。そのなかで、課題としていた打撃面での成果も感じられたという。身体能力に長けた未完の大器も、早や4年目。着実にステップは踏めている。ならば、次なる目標は一軍デビューだ。

■ 二軍公式戦個人年度別成績

年度	所属球団	試合	打数	安打	本塁打	打点	盗塁	打率
2017	オリックス	20	42	11	0	5	0	.262
2018	オリックス	75	219	37	2	11	2	.169
2019	オリックス	117	371	85	0	19	21	.229
通算	3年	212	632	133	2	35	23	.210

応援よろしくお願いします
Nemoto's Q&A

①まゆ毛の角度②かおるちゃん③本④辛い食べ物⑤本⑥肉⑦赤⑧GADORO⑨家庭的な人⑫休日に好きな物だけ食べる⑭全力で楽しんで⑮一軍出場

99
SUGIMOTO YUTARO
杉本 裕太郎

1991年4月5日(29歳)／190cm·102kg／B型／右投右打／5年目／徳島県／徳島商高-青山学院大-JR西日本-オリックス(ドラフト10巡目・16～)

[初 出 場] 2016.6.14(甲子園)対阪神1回戦　先発中堅手
[初 安 打] 2017.9.9(koboパーク)対楽天21回戦　1回中本打(辛島)
[初本塁打] 2017.9.9(koboパーク)対楽天21回戦　1回(辛島)
[初 打 点] 2017.9.9(koboパーク)対楽天21回戦　1回(辛島)

我が生涯に

一片の悔いなし

なるかラオウの覚醒

彼の打球の飛距離は、どの強打者のそれと比べても遜色はないと言っていいだろう。その長打力が最大の魅力。ただ課題は明白。「確実性を上げるために、力みないスイングを」とは本人の言葉。"ラオウ"の覚醒で、このチームの得点力不足は一気に解消されるのは間違いない。メジャーリーガーが青ざめるような一発を！

いつも温かい応援ありがとうございます
Sugimoto's Q&A

①バッティング練習②ラオウ、拳王③北斗の拳④ケンシロウ⑤黒王号⑥パンケーキ⑦黄色⑧米津玄師⑨ユリア⑩ユリア⑪ツノ付かぶとに赤マント⑫パンケーキホイップ多め⑬ステーキハウスgenpei⑭一片の悔いも残さず頑張りましょう⑮天を握る！

■ 公式戦個人年度別成績

年度	所属球団	試合	打数	安打	本塁打	打点	盗塁	打率
2016	オリックス	1	3	0	0	0	0	.000
2017	オリックス	9	17	2	1	2	0	.118
2018	オリックス	7	12	3	2	6	0	.250
2019	オリックス	18	51	8	4	7	1	.157
通算	4年	35	83	13	7	17	1	.157

■ 二軍公式戦個人年度別成績

年度	所属球団	試合	打数	安打	本塁打	打点	盗塁	打率
2016	オリックス	48	124	28	3	11	0	.226
2017	オリックス	88	286	77	8	41	5	.269
2018	オリックス	47	109	25	3	15	1	.229
2019	オリックス	78	249	69	14	43	8	.277
通算	4年	261	768	199	28	110	14	.259

NEWCOMER

新入団選手

今季、このチームに加わるニューフェイスは新外国人3人と新人選手13人のあわせて16人。

新たな顔ぶれは現有戦力を活性化させ、そこで生じる化学反応がチームを

上昇気流に乗せる可能性を孕んでいる。大物メジャーリーガーの加入は、

戦力面はもちろんのこと、人気や話題性といった部分で大きなプラス材料。

新人補強に目を転じれば、社会人出身が皆無で、素材として有望な選手ばかりがそろう。

将来への布石だ。ただ、プロに入れば、アマチュアでのキャリアは関係なく、

ましてや支配下、育成の隔ては存在しない。さぁ、チームの起爆剤に!

10	アダム・ジョーンズ	001	佐藤 一磨
52	タイラー・ヒギンス	002	谷岡 楓太
42	アデルリン・ロドリゲス	003	中田 惟斗
13	宮城 大弥	004	平野 大和
24	紅林 弘太郎	005	鶴見 凌也
22	村西 良太	006	大下 誠一郎
43	前 佑囲斗	007	佐藤 優吾
0	勝俣 翔貴	008	松山 真之

10

外野手

ADAM JONES

アダム・ジョーンズ

1985年8月1日（35歳）／188cm・98kg／右投右打／1年目／アメリカ／
サミュエル・モールス高-シアトル・マリナーズ（03〜07）-ボルティモア・オリ
オールズ（08〜18）-アリゾナ・ダイヤモンドバックス（19）-オリックス（20〜）

ホンモノがチームを変える!

　アダム・ジョーンズ獲得の報に触れた際、にわかには
それが事実であるとは信じられなかった。それほどの現
役大物メジャーリーガーなのだ。10年連続での2ケタホー
ムランで通算282本塁打、945打点、1939安打、ゴー
ルドグラブ4度受賞など、世界最高峰の舞台での彼の偉
業は、数え上げればキリがない。2017年のWBCでは
USA代表として世界一に。走・攻・守の全てが高い
次元でバランスがとれている"5ツールプレーヤー"の代
表格なのだ。人格的にもすぐれたクラブハウスリーダー
という点も頼もしい。チームを大きく変える力を持つ助っ
人。百聞は一見にしかず、である。

優勝しましょう!!

Jones's Q&A

①性格②Jonesy（ジョーンズィ）③旅行④早寝⑤家族
の愛⑥神戸牛、焼き肉⑦赤⑧Prince（プリンス）⑨妻。
長身で、賢く、運動ができ、リーダーシップのある女性
⑩Tony Gwynn（トニー・グウィン）⑪Nike⑫フローズ
ンヨーグルト⑬まだ知らないので、僕のインスタグラムに
みんなのおすすめスポットを投稿してね⑭活躍するには、
基本を身に付けることが一番大事⑮バファローズに優勝
をもたらすこと!

投手

52

TYLER HIGGINS

タイラー・ヒギンス

1991年4月22日(29歳)／190cm・97kg／右投右打／1年目／アメリカ／ランシング・コミュニティ大-フロリダ(12～マイアミ・マーリンズ(ドラフト23巡目・11～17)-シアトル・マリナーズ(18)-サンディエゴ・パドレス(19)-オリックス(20～)

中継ぎの中核として期待

　メジャーでのプレー経験はないが、マイナーで実績を積んできた大型右腕。95マイル(約153km/h)のストレートを軸に、チェンジアップ、カーブを駆使して打者を打ち取る。昨季の3Aでの登板では奪三振数が投球イニングを上回り、与四球率も3を切る優秀な数字だが、被本塁打の多さ(2.56本/9回)を改善したい。中継ぎのワンピースに。

サポートありがとうございます
Go Orix !

Higgins's Q&A

①野球に取り組む姿勢、態度②ヒギー③犬の調教④ダンス⑥ステーキ⑦青⑧Khalid⑨一生懸命で、向上心のある女性⑩Matthew Mcconaughey⑪lululemon⑫アイスクリーム⑬バファローズの試合⑭腕を磨き続けて、自分の目標に向かって突き進もう！⑮優勝！

内野手

42

ADERLIN RODRIGUEZ

アデルリン・ロドリゲス

1991年11月18日(29歳)／191cm・95kg／右投右打／1年目／ドミニカ共和国／セントロ エデュカティボ ロス パルマレス校-ニューヨーク・メッツ(08～15)-シアトル・マリナーズ(15)-ボルティモア・オリオールズ(16～18)-サンディエゴ・パドレス(19)-オリックス(20～)

パワフルな長距離砲

　2009年以降マイナーリーグでプレー、メジャー経験はないものの通算174発の長打力には注目したい。昨季は初めてマイナーの最高クラス3Aに昇格。そこで打率3割、19本塁打、64打点をマーク。出塁率も3割半ばを超えている。「モットーは100%に力を出し切ること」と頼もしい。未知数な部分が多いが、彼のパワーと可能性を信じたい！

私は野球が大好きで、私自身この球団のユニフォームを着ることができて名誉に思っています
そして私はみなさんがバファローズのファンであることを誇れるように活躍できればと願っています

Rodriguez's Q&A

①決断力②ザ・カウ③家族で出かけること④歌が上手ではない⑤愛と理解⑥お米に黒豆と豚肉を混ぜた料理⑦白色⑧特に無いがレゲトン(ジャンル)が好き⑨敬神の念があり陽気な女性⑩自分の母⑪その時に必要な物⑬布引ハーブガーデン⑭自分を信じて決して諦めない鍛錬⑮優勝の為にベストを尽くすこと

13

投手

MIYAGI HIROYA

宮城 大弥

2001年8月25日(19歳)／171cm・83kg／A型／左投左打／
1年目／沖縄県／興南高-オリックス(ドラフト1巡目・20～)

強いハートのドラ1左腕

　U-18侍ジャパンに選ばれた高校球界屈指の本格派
左腕投手。中学時代にも日本代表を経験、国際試合で
強いメンタルを培ってきた。クロスステップから繰り出され
るボールは威力十分。右打者のインコースへのストレー
トは有効な武器になりそうだ。「相手チームのクリーンアッ
プを抑えられる投手になりたい」と抱負を語ったドラ1左
腕だが、ルーキーイヤーに向けての準備にも余念がない。
「1球で打者を打ち取れるボールを」と、カットボールや
ツーシームといった小さく動くボールの習得にも動いた。
将来のエース候補がプロとしての第一歩を踏み出す。

興南高校から来ました宮城大弥です
頑張るので応援よろしくお願いします

Miyagi's Q&A

①投球②ひろや③プロスピ④左投手⑤猫⑥イチゴ⑦黒、
ピンク⑧ベリーグッドマン⑨有村架純さん⑩山本昌さん
⑪ユニフォーム、ジャージ(ミズノプロ)⑫朝たまにアイスを
食べる⑬グリコ⑭目標に向かって頑張ってください⑮二軍
で成績を安定させる

一生百錬

24

内野手

KUREBAYASHI KOTARO

紅林 弘太郎

2002年2月7日（18歳）／186cm・82kg／B型／右投右打／
1年目／静岡県／駿河総合高-オリックス（ドラフト2巡目・20〜）

将来性豊かな大型内野手

　守っては柔らかなグラブ捌きと強肩ぶりが人目を惹き、バッティングにおいても、長打を左右に打てるパワーが大きな魅力の大型内野手。「日本を代表する内野手になりたい」と、体同様、大きな夢が頼もしい。ホームでの登場曲は、自らの名前にちなんで、"X JAPAN"の『紅』に決めた。京セラドームでのデビューが楽しみだ。

期待に応えられるよう頑張るので
応援お願いします
ユニフォームとタオル買ってください

Kurebayashi's Q&A

①長身を生かした守備・打撃②べに③釣りオタク④生野菜⑤犬⑥母がつくる焼きそばとぎょうざ⑦赤⑧TWICE⑨飾らない女性⑩坂本勇人選手⑪パーカー⑫練習終わりの100%オレンジジュース⑬たこ焼き屋⑭諦めなければできる⑮1年間ケガなく野球をやり続ける

22

投手

MURANISHI RYOTA

村西 良太

1997年6月6日（23歳）／174cm・76kg／O型／右投左打／
1年目／兵庫県／津名高-近畿大-オリックス（ドラフト3巡目・20〜）

サイドからの直球に自信アリ！

　「まっすぐをアピールしたい！」と、サイドハンドからの最速148km/hのストレートは威力十分。操る変化球も多彩で、なかでもキレ味鋭いカットボールはプロでも有効なものになりそうだ。今年の新人の中では、年長組に属し、それだけに即戦力としての期待も大きい。淡路島の星に！まずは開幕一軍の切符を手にしたい。

開幕一軍目指して頑張るので
よろしくお願いします

Muranishi's Q&A

①まっすぐ、笑顔②ムラ③釣り④ニンジン、高野豆腐⑤猫、海⑥寿司、刺身⑦水色、黄色⑧BASI、変態紳士クラブ⑨大人っぽい人、山本舞香⑩近本選手⑪パタゴニア⑫服を買いに行く⑬豪快立ち寿司⑭しっかり睡眠⑮開幕一軍

43

投手

MAE YUITO

前 佑囲斗

2001年8月13日(19歳)／182cm・88kg／A型／右投右打／
1年目／三重県／津田学園高-オリックス(ドラフト4巡目・20～)

伸びシロ豊か！ 将来はローテの軸に

U-18侍ジャパンでは日本代表として、ドラ1左腕とチームメイト。ピッチャーらしい体格で、力あるストレートの球速は150km/hを超える。背番号「43」は、今や球界を代表する投手のひとり、山本由伸から受け継いだもの。「この背番号を汚すことなく、自分もエースに！」と力強い。"出世番号"を背に、次代のエースへ！

三重県の津田学園高校から来ました
前佑囲斗です
貢献できるよう頑張るので
応援よろしくお願いします

Mae's Q&A

①球の質②ゆいと④中田くん⑤鶴見くん⑥オムライス⑦オレンジ⑧ベリーグッドマン⑨新垣結衣さん⑩藤川球児さん⑪ユニフォーム⑫キャラメルマキアート⑬ユニバーサル・スタジオ・ジャパン⑭自分を信じて、諦めず努力したら結果がついてくる。だから頑張れ！⑮早い段階で一軍に上がり、一勝を飾る！

0

内野手

KATSUMATA SHOKI

勝俣 翔貴

1997年7月20日(23歳)／178cm・84kg／B型／右投左打／
1年目／神奈川県／東海大菅生高-国際武道大-オリックス
(ドラフト5巡目・20～)

持ち前の打撃で、一軍へアピール

U-18(高校代表)、U-22(大学代表)と、各ユース世代の代表メンバーで、いずれのカテゴリーでもクリーンアップを任された。バッティングでは広角に打ち分ける器用さと強い打球を放つパンチ力を併せ持つ逸材だ。ルーキーイヤーから自慢の打撃で一軍入りをアピール、内野のポジション争いに割って入りたい。可能性は十分にある。

全力でプレーするので
応援よろしくお願いします

Katsumata's Q&A

①バッティング、広角への強い打球②マティ③野球④トマト⑤おいしいものを食べる、YouTube⑥肉⑦青⑧ゆず、RADWINPS⑨元気な人⑩金本選手⑪これから勉強していきます⑫好きな物を食べる⑭目標を立てて頑張ってください⑮開幕一軍

001

投手
SATOH KAZUMA
佐藤 一磨

2001年4月16日（19歳）／189cm・89kg／AB型／左投左打／
1年目／神奈川県／横浜隼人高-オリックス（ドラフト育成1巡目・
20～）

結果で恩返し

長身が武器の楽しみな素材

　最速146km/hの真っすぐに、落差の大きなチェンジアップと
スライダーが武器の長身左腕。「身長を生かしたい。あとは、名
前と背番号に入っている "1" という数字にこだわりたい」と、こ
の世界の1番を目指していく。まずは、背番号から2つのゼロを
消したい。父親は寿司店を営む職人だが、後は継がずに相手打
者を料理する！

**1日でも早く一軍に上がれるように
がんばります
応援よろしくお願いします**

Satoh's Q&A

①高身長からの角度あるストレート②かずま⑤音楽⑥ガー
リックポテト⑦青⑧SEKAI NO OWARI⑨明るい人！
パーカー⑩菊池雄星さん⑭感謝を忘れずに⑮支配下

002

投手
TANIOKA FUTA
谷岡 楓太

2001年8月29日（19歳）／176cm・82kg／O型／右投右打／
1年目／広島県／武田高-オリックス（ドラフト育成2巡目・20～）

情熱と工夫

スピンの効いた球を武器に支配下へ

　投手としては大柄ではないが、高い身体能力を生かしたボー
ルには力がある。スピン量豊かなボールは大きな武器となりえ
るもの。同郷（広島県）のスター選手、福岡ソフトバンク・柳田
悠岐選手との対決を楽しみにしている。そのためには、まずは
支配下登録を勝ち取りたい。「ファームでしっかり実績を積ん
で！」と決意も固い。

**広島県の武田高校から来ました
谷岡楓太です
応援よろしくお願いします**

Tanioka's Q&A

①浮き上がってくるような回転数のあるボール②ふうた③栄
養オタク④中田惟斗くん⑤プロテイン⑥肉⑦青⑧ONE OK
ROCK⑨新垣結衣さん⑩山岡泰輔投手⑪ここ一番では
真っ赤なパンツをはく⑫シュークリーム⑬グリコ⑭途中でや
めずに継続すること⑮1日でも早く支配下を取る

003

投 手
NAKATA YUITO
中田 惟斗

2001年9月13日(19歳)／181cm・90kg／A型／右投右打／
1年目／和歌山県／大阪桐蔭高-オリックス(ドラフト育成3巡目・
20〜)

メンタル強い右の本格派

　角度あるストレートと独特の軌道を描くスライダー、さらには打者の手元で沈むチェンジアップが武器の右の本格派。打者に向かう気持ちの強さはプロ向きか。U-15日本代表に選ばれた後、大阪の強豪校に進んだものの、エースで迎えた最終学年での甲子園出場は叶わなかった。その悔しさを、プロという最高の舞台で晴らしたい。

**大阪桐蔭高校からきました中田です
応援よろしくお願いします**

Nakata's Q&A

①気迫あふれるピッチング②ゆいと③映画④前くん⑤谷岡くん⑥肉⑦赤⑧菅田将暉⑨有村架純さん⑩松坂大輔さん⑪真っ赤なパンツをはく⑫チョコミントアイス⑬ユニバーサル・スタジオ・ジャパン、ルミナリエ⑭少しずつ目標を達成すること⑮支配下をとる

004

外野手
HIRANO YAMATO
平野 大和

2001年8月7日(19歳)／177cm・82kg／O型／右投右打／
1年目／宮崎県／日章学園高-オリックス(ドラフト育成4巡目・
20〜)

九州高校球界No.1外野手

　身体能力が高く、走・攻・守3拍子そろった好素材。50m5.8秒の俊足は大きな魅力。「アピールポイントは守備範囲の広さと積極的な打撃」とは本人の弁。昨年暮れに受けた左手首の手術の影響で、他のルーキーと比べてスタートは遅れたが焦る必要は全くない。九州高校球界No.1外野手の実力を早くみたいものだ。

**全力で頑張ります
応援よろしくお願いします**

Hirano's Q&A

①足を使った守備の広さ②やまと③釣り④虫⑤映画⑥肉⑦赤⑨きれいな人⑩吉田正尚選手⑪かっこいい服⑫ケーキ⑬京セラドーム大阪⑭一生懸命やる⑮1日でも早く支配下されて試合に出る

005

捕 手

TSURUMI RYOYA

鶴見 凌也

2001年11月22日(19歳)／174cm・75kg／O型／右投右打／
1年目／茨城県／常盤大高-オリックス(ドラフト育成5巡目・20〜)

かつての二刀流も捕手一本で勝負

　高校時代は最速143km/hをマークする投手も経験した二
刀流も、プロでは捕手一本で勝負する。「肩の強さには自信があ
る」とは、さすが元投手。送球の際のコントロールも問題はない。
「投手に対してしっかりと気配りができるキャッチャーになりたい」
と理想の捕手像について語った。将来の正捕手に向けてスター
トを切る。

> **チームに貢献できるよう
> 全力で頑張りますので、
> 応援よろしくお願いします**

Tsurumi's Q&A

①肩の強さ②つる③洋楽④若月選手⑤前佑囲斗⑥納
豆⑦赤⑧あいみょん⑨広瀬すずさん⑩甲斐選手⑪ユニ
フォーム⑫お風呂上りにパック⑬ユニバーサル・スタジオ・
ジャパン⑭自分を信じて、目標を達成できるように頑張っ
てください⑮二軍の正捕手になる!

006

外野手

OHSHITA SEIICHIRO

大下 誠一郎

1997年11月3日(23歳)／171cm・89kg／AB型／右投右打／
1年目／福岡県／白鷗大足利高-白鷗大-オリックス(ドラフト育
成6巡目・20〜)

勝負強さが持ち味の右の強打者

　フルスイングが持ち味の右のパワーヒッター。「自分の強みは長
打力と勝負強さです。そこをしっかりアピールしたい」と抱負を語
る。高卒ルーキーが多い中で、兄貴的存在だが、ライバルに
は負けない。「とにかく、結果にこだわりたい。そして、球団を代
表する選手になる」と力強い。1年目から勝負だ。

> **1日でも早く支配下になって
> 球団を代表するような選手になるので
> 応援よろしくお願いします**

Ohshita's Q&A

①長打力、勝負強さ②誠一郎(せいいちろう)③野球
⑤YouTube⑥からあげ⑦ピンク⑧長渕剛⑨清水はな
⑩中田翔選手⑪ユニフォーム⑫焼肉⑬グリコ⑭努力ある
のみ!!⑮1日でも早く支配下になって一軍で活躍すること

007

外野手

SATOH YUGO

佐藤 優悟

1997年4月2日(23歳)／182cm・90kg／B型／右投右打／
1年目／宮城県／柴田高-仙台大-オリックス(ドラフト育成7巡
目・20～)

走・攻・守3拍子そろった素材型

　身体能力が高く、走・攻・守のバランスがとれた楽しみな素材。
「まだまだ未熟だが、自信はある。1日も早い支配下を!」と抱負
を口にした。長打力もあり、逆方向への打球も飛距離が出る。
「チームから必要とされる選手になる!」との言葉は心強い。将
来のチームの中心選手へ向けて。賽は投げられた!

> これから大阪に住むので
> よろしくお願いします
> 応援よろしくお願いします

Satoh's Q&A

①走・攻・守自信あります。(まだまだ未熟ですが……)明
るい性格で、誰とでもすぐ仲良くなります②優吾!! ゆう!! ど
ちらでも!!③野球④虫⑤YouTube、ドライブ、ショッピング
⑥肉、ラーメン⑦黒、白⑧BAD HOP、WILYWNKA、
Rude-α、Avicii⑨セリーヌ・ファラク⑩坂本勇人選手、
吉田正尚選手⑪ユニフォーム、ストリート系⑫欲しい物を買
う⑬グリコ⑭継続は力なり!! やればできるYDK⑮支配下!!
一軍のステージに上がる

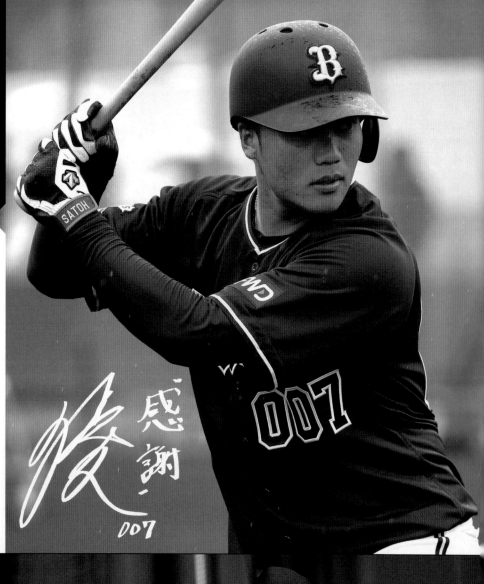

008

投手

MATSUYAMA MASAYUKI

松山 真之

2000年8月18日(20歳)／174cm・76kg／A型／右投右打／
1年目／東京都／都立第四商業高-BCL・富山-オリックス(ドラフ
ト育成8巡目・20～)

真っ向勝負で支配下目指す

　スピン量豊かなストレートにスライダー、鋭く落ちるフォークを武
器にプロの門をたたく。真っすぐには自信を持っていて、「もっと
ストレートを磨いて、空振りの取れる投手を目指す」と、さらなる成
長を誓う。BCリーグ(独立リーグ)からNPBへのチャレンジ。ステー
ジは上がった。同時にギアも上げて、まずは支配下を目指す。

> これからお世話になります
> 松山です
> 活躍できるよう頑張るので
> 応援よろしくお願いします

Matsuyama's Q&A

①直球②まっちゃん③乃木坂46さん④納豆⑤乃木坂46
さん⑥肉⑦緑⑧乃木坂46さん⑨生田絵梨花さん⑩藤川
球児さん⑫温泉⑭頑張ってください⑮支配下

TEAM STAFF チームスタッフ

球団本部長兼広報部長	森川 秀樹	一軍チーフトレーニング担当	鎌田 一生	青濤館寮長	宮田 典計
ゼネラルマネージャー 兼 編成部長	福良 淳一	トレーニング担当	鈴川 勝也	青濤館副寮長	山田 真実
球団本部長補佐 国際渉外部長	横田 昭作	二軍チーフトレーナー	福條 達樹	アシスタントスタッフ 兼 青濤館副寮長	葉室 太郎
管理部長	久保 充広	トレーナー	野間 卓也	アシスタントスタッフ	清田 文章
チーム運営グループ長 一軍チーフマネージャー	佐藤 広	トレーナー	幕田 英治	アシスタントスタッフ	太田 暁
一軍マネージャー	杉山 直久	トレーナー	植田 浩章	アシスタントスタッフ	杉本 尚文
一軍用具担当	松本 正志	リハビリ担当	田中 康雄	アシスタントスタッフ	山岡 洋之
スコアラーグループ長 兼 査定グループ長	島袋 修	トレーニング担当	岡本 正靖	アシスタントスタッフ	瓜野 純嗣
チーフスコアラー	今村 文昭	トレーニング担当 兼 リハビリ担当	久保田 和稔	アシスタントスタッフ	古川 秀一
スコアラー	川畑 泰博	チーフ通訳	藤田 義隆	アシスタントスタッフ	大嶋 達也
スコアラー	内匠 政博	通訳	荒木 陽平	アシスタントスタッフ	宮川 祥
スコアラー	曽我部 直樹	通訳	澤村 直樹	アシスタントスタッフ	小野 真那人
スコアラー	渡邉 正人	渉外アシスタント 兼 通訳	大久保 裕貴	アシスタントスタッフ	髙下 貴生
スコアラー	前田 大輔	育成グループ長	熊谷 泰充	アシスタントスタッフ	漆戸 駿
コンディショニンググループ長	本屋敷 俊介	二軍チーフマネージャー	田中 雅興	アシスタントスタッフ	濵木 迅也
一軍チーフトレーナー	佐々木 健太郎	二軍マネージャー	渡邊 隆洋	広報部チーフ	町 豪将
トレーナー	砂長 秀行	二軍サブマネージャー	大橋 貴博	広報	佐藤 達也
トレーナー	丸尾 明教	二軍担当スコアラー	依田 栄二		
トレーナー	青田 佑介	二軍用具担当	山内 嘉弘		

ORIX BUFFALOES

PERFECT DATABASE

プレー以外に関するデータから出身地や誕生日などをピックアップ。詳細データを把握すれば、球場やテレビでの野球観戦がより楽しくなる!

誕生日&星座

1月
日	背番号	氏名
7日	3	安達
9日	77	西村監督
18日		中垣コーチ
21日	30	K-鈴木
24日	76	風岡コーチ

2月
日	背番号	氏名
5日	68	鈴木優
7日	24	紅林
9日	55	T-岡田
14日	31	太田
21日	25	西村
26日	98	張

3月
日	背番号	氏名
5日	8	後藤駿
27日	78	中嶋二軍監督

4月
日	背番号	氏名
2日	007	佐藤優
5日	99	杉本
12日	67	中川
16日	001	佐藤一
21日	72	平井コーチ
22日	52	ヒギンス
27日	49	澤田
27日	123	稲富

5月
日	背番号	氏名
3日	28	富山
9日	95	神戸
10日	71	岸田コーチ
12日	23	伏見
21日	00	西浦
23日	82	鈴木郁コーチ
29日	20	近藤

6月
日	背番号	氏名
5日	38	小島
6日	22	村西
7日	6	宗
8日	79	辻コーチ
14日	9	大城
15日	26	東明
15日	135	山﨑颯
20日	84	鈴木昂コーチ補佐
20日	66	吉田凌
26日	17	増井
27日	80	酒井コーチ

7月
日	背番号	氏名
2日	81	田口コーチ
10日	56	松井佑
15日	34	吉田正
20日	0	勝俣
20日	86	由田コーチ
27日	94	後藤光コーチ
27日	46	本田
29日	59	根本

8月
日	背番号	氏名
1日	10	ジョーンズ
2日	5	西野
3日	29	田嶋
7日	004	平野
8日	4	福田
9日	1	モヤ
11日	64	廣澤
13日	43	前
14日	90	別府コーチ
16日	124	黒木
16日	62	山崎勝
17日	18	山本
18日	008	松山
20日	2	白崎
23日	85	高口コーチ
25日	15	荒西
25日	61	榊原
25日	129	比屋根
25日	13	宮城
29日	002	谷岡

9月
日	背番号	氏名
2日	47	海田
2日	41	佐野
4日	130	フェリペ
8日	73	高山コーチ
9日	11	山﨑福
10日	65	漆原
13日	003	中田
17日	120	岡崎
18日	58	金田
19日	45	飯田
19日	57	山田
22日	19	山岡
24日	14	吉田一
27日	21	竹安

10月
日	背番号	氏名
4日	37	若月
6日	27	アルバース
10日	83	小谷野コーチ
26日	36	山足
27日	75	佐竹コーチ
29日	88	小松コーチ

11月
日	背番号	氏名
2日	39	小林慶
3日	32	ディクソン
3日	006	大下
4日	50	小田
17日	44	頓宮
18日	42	ロドリゲス
19日	33	松井雅
22日	005	鶴見
26日	53	宜保
30日	89	小林宏コーチ

12月
日	背番号	氏名
1日	70	三輪コーチ
7日	35	比嘉
14日	128	東
18日	48	齋藤綱
23日	87	齋藤俊コーチ
28日	60	左澤

※ 山羊座(12月22日～1月19日) ／ 水瓶座(1月20日～2月18日)
魚座(2月19日～3月20日) ／ 牡羊座(3月21日～4月19日)
牡牛座(4月20日～5月20日) ／ 双子座(5月21日～6月21日)
蟹座(6月22日～7月22日) ／ 獅子座(7月23日～8月22日)
乙女座(8月23日～9月22日) ／ 天秤座(9月23日～10月23日)
蠍座(10月24日～11月22日) ／ 射手座(11月23日～12月21日)

入団年

2006年	55 T-岡田(高1)
2010年	35 比嘉(2) ／ 57 山田(3)
2011年	8 後藤駿(1)
2012年	3 安達(1) ／ 47 海田(4) ／ 38 小島(7)
2013年	23 伏見(3) ／ 32 ディクソン(助)
2014年	14 吉田一(1) ／ 26 東明(2) ／ 37 若月(3) ／ 62 山崎勝(FA)
2015年	11 山崎福(1) ／ 6 宗(2) ／ 41 佐野(3) ／ 48 齋藤綱(5) ／ 5 西野(7) ／ 50 小田(8) ／ 68 鈴木優(9)
2016年	34 吉田正(1) ／ 20 近藤(2) ／ 9 大城(3) ／ 66 吉田凌(5) ／ 99 杉本(10)
2017年	19 山岡(1) ／ 124 黒木(2) ／ 120 岡崎(2) ／ 18 山本(4) ／ 39 小林(5) ／ 135 山崎颯(6) ／ 45 飯田(7) ／ 49 澤田(8) ／ 59 根本(9) ／ 98 張(育1) ／ 61 榊原(育2) ／ 95 神戸(育3) ／ 58 金田(他)
2018年	29 田嶋(1) ／ 30 K-鈴木(2) ／ 4 福田(3) ／ 46 本田(4) ／ 25 西村(5) ／ 00 西浦(6) ／ 64 廣澤(7) ／ 36 山足(8) ／ 123 稲富(育1) ／ 128 東(育2) ／ 129 比屋根(育3) ／ 130 フェリペ(育4) ／ 1 モヤ(ト) ／ 56 松井佑(ト) ／ 17 増井(FA) ／ 2 白崎(ト) ／ 27 アルバース(助)
2019年	31 太田(1) ／ 44 頓宮(2) ／ 15 荒西(3) ／ 28 富山(4) ／ 53 宜保(5) ／ 60 左澤(6) ／ 67 中川(7) ／ 65 漆原(育1) ／ 21 竹安(他) ／ 33 松井雅(ト)
2020年	13 宮城(1) ／ 24 紅林(2) ／ 22 村西(3) ／ 43 前(4) ／ 0 勝俣(5) ／ 001 佐藤一(育1) ／ 002 谷岡(育2) ／ 003 中田(育3) ／ 004 平野(育4) ／ 005 鶴見(育5) ／ 006 大下(育6) ／ 007 佐藤優(育7) ／ 008 松山(育8) ／ 52 ヒギンス(助) ／ 42 ロドリゲス(助) ／ 10 ジョーンズ(助)

経歴

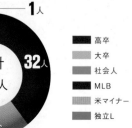

合計 81人

- 高卒 32人
- 大卒 23人
- 社会人 19人
- MLB 5人
- 米マイナー 1人
- 独立L 1人

略称は以下の通り
(数字)=ドラフト順位
(高～)=高校生ドラフト/指名順位
(大・社～)=大学・社会人ドラフト/指名順位
(育～)=育成ドラフト/指名順位
(FA)=FA入団
(ト)=トレード
(復)=復帰
(助)=外国人選手
(他)=その他

出身地&出身高校

海外出身7名

アメリカ
32 ディクソン(マーベリー高)
52 ヒギンス
10 ジョーンズ(サムエル・モールス高)

カナダ
27 アルバース(ジョン・ポール・セカンド高)

ドミニカ共和国
42 ロドリゲス(セントロ エデュカティボ ロス パルマレス校)

プエルトリコ
1 モヤ(セナペック高)

台湾
98 張(福岡第一高/福岡)

中国地方者6名

広島
19 山岡(瀬戸内高)
47 海田(賀茂高)
89 小林宏コーチ(崇徳高)
002 谷岡(武田高)

岡山
18 山本(都城高/宮崎)
44 頓宮(岡山理科大附属高)

四国地方者3名

愛媛
49 澤田(大阪桐蔭高/大阪)
72 平井コーチ(宇和島東高)

徳島
99 杉本(徳島商高)

九州地方出身15名

福岡
006 大下(白鴎大足利高/栃木)

大分
64 廣澤(大分商高)
41 佐野(大分高)

熊本
00 西浦(明徳義塾高/高知)
15 荒西(玉名工高)
50 小田(九州学院高)

宮崎
77 西村監督(福島高)
004 平野(日章学園高)

鹿児島
58 金田(都城商高/宮崎)
90 別府コーチ(鹿屋商高)

沖縄
9 大城(興南高)
35 比嘉(コザ高)
53 宜保(KBC学園未来高沖縄)
129 比屋根(飛龍高/静岡)
13 宮城(興南高)

中部出身者12名

福井
34 吉田正(敦賀気比高)
57 山田(敦賀気比高)

岐阜
26 東明(富田高)

石川
135 山﨑颯(敦賀気比高/福井)
86 由田コーチ(桐蔭学院高/神奈川)

愛知
76 風岡コーチ(中部大春日丘高)
87 齋藤俊コーチ(豊田大谷高)

新潟
65 漆原(新潟明訓高)

静岡
17 増井(静岡高)
21 竹安(伊東商高)
130 フェリペ(御殿場西高)
24 紅林(駿河総合高)

関西出身者20名

兵庫
22 村西(津名高)
62 山崎勝(報徳学園高)
66 吉田凌(東海大付相模高/神奈川)
128 東(神戸弘陵学園高)
81 田口コーチ(西宮北高)

滋賀
25 西村(青森山田高/青森)

奈良
14 吉田一(青森山田高/青森)

和歌山
28 富山(九州国際大付高/福岡)
003 中田(大阪桐蔭高/大阪)

大阪
4 福田(広陵高/広島)
20 近藤(浪速高)
31 太田(天理高/奈良)
36 山足(大阪桐蔭高)
55 T-岡田(履正社高)
56 松井佑(大阪商大堺高)
67 中川(PL学園高)
71 岸田コーチ(履正社高)
79 辻コーチ(松商学園高/長野)
123 稲富(三田松聖高/兵庫)

三重
43 前(津田学園高)

北海道出身4名

北海道
2 白崎(埼玉栄高/埼玉)
23 伏見(東海大付四高)
48 齋藤綱(北照高)
75 佐竹コーチ(東海大付四高)

東北出身者6名

秋田
73 高山コーチ(秋田商高)
78 中島二軍監督(鷹巣農林高)
94 後藤光コーチ(秋田高)

宮城
007 佐藤優(柴田高)

福島
82 鈴木コーチ(仙台育英高/宮城)
88 小松コーチ(勿来工高)

関東出身者30名

群馬
3 安達(榛名高)
8 後藤駿(前橋商高)
38 小島(桐生第一高)
95 神戸(前橋育英高)
33 松井雅(桐生第一高)

埼玉
11 山崎福(日大三高/東京)
37 若月(花咲徳栄高)
120 岡崎(花咲徳栄高)

神奈川
124 黒木(橘学苑高)
60 左澤(横浜隼人高)
46 本田(星槎国際湘南高)
001 佐藤一(横浜隼人高)
0 勝俣(東海大菅生高/東京)

栃木
29 田嶋(佐野日大高)

東京
5 西野(東海大付浦安高/千葉)
6 宗(横浜隼人高/神奈川)
84 鈴木昂コーチ補佐(東海大菅生高)
68 鈴木優(雪谷高)
83 小谷コーチ(創価高)
85 山口コーチ(創価高)
008 松山(都立第四高)
中垣コーチ(狛江高)

茨城
45 飯田(常総学院高)
59 根本(霞ヶ浦高)
005 鶴見(常磐大高)

千葉
30 K-鈴木(千葉明徳高)
39 小林(八千代松陰高)
61 榊原(浦和学院高/埼玉)
70 三輪コーチ(関東一高/東京)
80 酒井コーチ(東海大付浦安高)

青森
秋田　岩手
山形　宮城
北海道
福島
石川　富山　新潟
長野　群馬　栃木　茨城
京都　福井　山梨　埼玉
山口　島根　鳥取
広島　岡山　兵庫　滋賀　岐阜　東京　千葉
　　　　　　　大阪　奈良　愛知　静岡　神奈川
　　　　　　　和歌山　三重

長崎　佐賀　福岡　大分
　　　　愛媛　香川
熊本　宮崎　高知　徳島
鹿児島

沖縄

血液型

A型 (21名)				
00 西浦	17 増井	35 比嘉	60 左澤	008 松山
4 福田	19 山岡	41 佐野	66 吉田凌	
8 後藤駿	29 田嶋	43 前	124 黒木	
13 宮城	30 K-鈴木	46 本田	129 比屋根	
14 吉田一	33 松井雅	58 金田	003 中田	

B型 (22名)				
0 勝俣	24 紅林	49 澤田	64 廣澤	99 杉本
6 宗	31 太田	55 T-岡田	65 漆原	007 佐藤優
9 大城	34 吉田正	57 山田	67 中川	
11 山崎福	39 小林	59 根本	鈴木優	
15 荒西	47 海田	135 山崎颯	95 神戸	

O型 (23名)				
2 白崎	22 村西	45 飯田	62 山崎勝	002 谷岡
3 安達	25 西村	48 齋藤綱	98 張	004 平野
5 西野	26 東明	50 小田	123 稲富	005 鶴見
20 近藤	37 若月	53 宜保	128 東	
21 竹安	38 小島	56 松井佑	130 フェリペ	

AB型 (9名)			
23 伏見	120 岡崎		
28 富山	61 榊原		
36 山足	001 佐藤一		
18 山本	006 大下		
44 頓宮			

不明 (6名)		
27 アルバース	52 ヒギンス	1 モヤ
32 ディクソン	42 ロドリゲス	10 ジョーンズ

年齢

※表記は満年齢

年齢							
18歳	24 紅林						
19歳	31 太田	13 宮城	43 前	001 佐藤一	002 谷岡	003 中田	005 鶴見	004 平野
20歳	53 宜保	008 松山					
21歳	46 本田	64 廣澤	00 西浦	128 東	123 稲富	130 フェリペ	129 比屋根
22歳	18 山本	61 榊原	135 山崎颯	120 岡崎	59 根本		
23歳	22 村西	28 富山	66 吉田凌	68 鈴木優	0 勝俣	006 大下	007 佐藤優
24歳	29 田嶋	48 齋藤綱	65 漆原	44 頓宮	25 西村	6 宗	67 中川	41 佐野
25歳	19 山岡	37 若月					
26歳	21 竹安	30 K-鈴木	49 澤田	60 左澤	95 神戸	98 張	124 黒木
27歳	9 大城	36 山足	8 後藤駿	34 吉田正			
28歳	11 山崎福	15 荒西	39 小林	4 福田			
29歳	20 近藤	52 ヒギンス	57 山田	42 ロドリゲス	99 杉本	1 モヤ	
30歳	58 金田	23 伏見	45 飯田	2 白崎	5 西野		
31歳	14 吉田一	26 東明	50 小田				
32歳	3 安達	55 T-岡田					
33歳	47 海田	38 小島	33 松井雅	56 松井佑			
34歳							
35歳	27 アルバース	10 ジョーンズ					
36歳	17 増井	32 ディクソン					
37歳							
38歳	35 比嘉	62 山崎勝					

平均 26歳

91

選手たちの素顔をリサーチ!?
Bs RANKING 2020

毎年恒例の好評企画「BsRANKING」。今年も選手のみなさんのご協力のもと、アンケートを実施!
今年もアンケート結果とともに、選手の意外な一面をチェックしよう!

男前! マジでモテる No.1

2位 海田 智行 9票
顔／男前／まじでかっこいい／顔がやばい♡／かっこいい

1位 小田 裕也 22票
さわやか／きれいな顔／優しい、男前、いい先輩／かっこいい／イケメン／見たらわかる／とにかくかっこいい／何をするにもかっこいい／イケメンすぎる

3位 岸田 護コーチ 3票
イケメン／性格も顔も男前／男前で惚れる

番外編
後藤 光尊コーチ 色気がある
山本 由伸 あざとい、女心をくすぐる／パーフェクト

おもしろい! ムードメーカー No.1

1位 荒西 祐大 10票
シンプルにおもしろい／常におもしろい／常日頃からふざけている／スベってるけど頑張っている／おもしろくないことがおもしろい

1位 稲富 宏樹 10票
キャラがいい／シンプルにおもしろい／行動、しぐさがおもしろい／爆発力がある／遊びがいがある

3位 東明 大貴 6票
常におもしろい、いじられ王子／トーク力がすごい

番外編
榊原 翼 普通におもしろい／うるさい、馬鹿にする、なめてる
比屋根 彰人 おもしろくないのがおもしろい／チュキチュキダンス

頼れる! リーダーシップ No.1

2位 海田 智行 6票
みんなのまとめ役／しっかりしている／かっこいい

2位 福田 周平 6票
一言一言がかっこいい／キャプテン／かっこいい／プレーで引っ張る／関西弁強い

1位 伏見 寅威 7票
仕切り上手／頼りになる／しっかりしている

番外編
小島 脩平 いるだけでいい!
T-岡田 何かと頼れる!

かわいい! 気になる後輩 No.1

2位 本田 仁海 4票
生意気感を出す／幼いフェイス

1位 山本 由伸 9票
見た目からしてかわいい／挨拶のときに名前を呼んでくれる／高校が近い／いちいち気になる／小さいころから知っているから／かわいいのにすごい

2位 宜保 翔 4票
ちょっと生意気／生意気なところもかわいい

番外編
榊原 翼 良い意味で先輩に気を使わない／いい笑顔
太田 椋 よく笑っていて話していて楽しい／ちょっと生意気

不思議!? 癖が強い No.1

2位
田嶋 大樹 7票
何を考えているのかわからない／なんかおもしろい／常にフワフワしている

3位
東 晃平 4票
よくわからない／同級生だけどまだ分からないことが多い／謎

1位
吉田 正尚 16票
天然／アホすぎ／天才／すごく謎／読めない／行動がなぞ／癖しかない

番外編	西村 凌 不思議ちゃん／癖強め
	吉田 一将 頭皮がめっちゃやわらかい

バッキバキ! 筋肉ボディ No.1

2位
福田 周平 8票
すごい！／ウエイトマニア／ムキムキ／やばい／美しい／ボディがやばい

3位
稲富 宏樹 4票
体がごつい／筋肉がすごい／ムキムキ

1位
近藤 大亮 33票
男の理想の体／ムキムキ／マッチョ／脱いだらやばい／腹筋がすごい／体がいかつい／体がとにかくバキバキ／美ボディー／シックスパック／えぐい／見せたがっている／脂肪がない

番外編	山﨑 福也 あの顔であの筋肉が最高
	西浦 颯大 腹筋がすごい／ムキムキ

香水? 柔軟剤? いい匂い No.1

2位
山﨑 福也 9票
常にいい匂いがする／いい香り／風呂上がりに特にいい匂いがする

3位
安達 了一 6票
安達さんが通りすぎたらすぐわかる／清潔感がある

1位
小田 裕也 10票
セクシーな匂い／常にいい匂い／いつ会ってもいい匂いがする

番外編	榊原 翼 独特な匂い、でもくさくはない／いつもいい匂い
	T-岡田 柔軟剤が高そう／いい匂い

甘党! スイーツ男子 No.1

2位
澤田 圭佑 5票
体格／甘いものが好きそうな体型／甘いものに詳しそう

3位
杉本 裕太郎 4票
甘いの大好き／パンケーキ大好き／パンケーキをよく食べてる

1位
山岡 泰輔 6票
イメージ／フェイス的に／存在が甘い

番外編	頓宮 裕真 スイーツが好きそう／甘いものがすき
	張 奕 砂糖を舐めている

おしゃれ！ファッションリーダー No. 1

1位 山岡 泰輔 29票
球場入りもおしゃれ／グラウンドに来るときの私服がいつもおしゃれ／シンプルにかっこいい、オシャレ／服装を気にしてる／インスタグラマー／いつもおしゃれ／かっこいい

2位 海田 智行 4票
シンプル好き／シンプルでGood／いつもおしゃれだと思う。スニーカーなど／憧れている

3位 後藤 駿太 3票
いつもおしゃれでかっこいい／個性的

番外編 吉田 一将 おしゃれと言って全て裏返しに着ている
荒西 祐大 かっこいいと自分で思ってる

歌手デビュー♪ 歌がうまい No. 1

1位 宗 佑磨 18票
廊下で美声で歌っていた／洋楽を歌ってる／うまい／ビブラートがすごい／常に歌ってる／いつも歌っているけど、とにかくうまい／自信たっぷり

2位 近藤 大亮 4票
普通に歌がうまい／カラオケで聞いたらうますぎてびっくりした

3位 中川 圭太 3票
うまいらしい／3代目J Soul brothersのLove songを歌って！

番外編 榊原 翼 1曲真剣に歌えないけどうまい／なんでもいける
若月 健矢 アナ雪！

さみしがり！ウサギちゃん No. 1

2位 榊原 翼 4票
常に誰かといる／ひとりでいるところをあまり見ない

3位 小林 慶祐 3票
何も用事がないのにLINEしてくる／かまってアピールがすごい

1位 若月 健矢 5票
かまってちゃん／さみしがり屋さん

番外編 荒西 祐大 ウサギみたいな顔してる／無視されたら泣きそうになってる
佐野 皓大 よく連絡をくれる人でさみしがり屋

見かけと違う!? 女子力 No. 1

1位 吉田 正尚 4票
すごく美容に気を使っている／最近色っぽい

1位 山﨑 福也 4票
女子力高め／肌ケアをしっかりしている

1位 小田 裕也 4票
かわいい顔／ドライヤーが丁寧／常に美しい

番外編 黒木 優太 魚が捌ける
澤田 圭佑 艶がある

涙もろい……感動屋さん No. 1

2位 榊原 翼 5票
涙もろい／すぐ泣く

3位 山﨑 勝己 3票
涙腺がもろい

1位 近藤 大亮 6票
マウンドで泣いている／映画でいつも泣く

番外編 金田 和之 サザエさんで泣いていた
伏見 寅威 熱い男

美味しいお店をいっぱい知ってる！グルメ No.1

2位 澤田 圭佑 7票
いっぱい知ってそう／オススメのところに行ったらめっちゃうまい／連れて行ってもらったお店がおいしかった

1位 海田 智行 9票
いっぱい教えてもらいました／食べログより詳しい／手札そろってる／グルメ／詳しい／食べログ使いこなしている／うんちく多し

3位 吉田 一将 6票
ぐるなびしか見ていない／歩く食べログ／グルメ／おいしいところばかり

番外編
吉田 正尚 高くておいしいお店ばかり知っている
岡﨑 大輔 困ったら岡﨑

最先端！意識高い系 No.1

2位 山岡 泰輔 6票
なんでも知ってる／フェイス的に

1位 吉田 正尚 8票
新しいものを取り入れてる／常に新ブランド品／意識高いと思う／道具が最先端／自分で考えている／細かい部分を気にする／新しいもの好き

3位 山本 由伸 4票
いろんなストレッチしている／誰もしていないようなストレッチ／何事にもすごい

番外編
吉田 一将 意識が高すぎて家からスパイクでくる
山崎 勝己 常に人より先をいっている

怖がり!? ビビリ No.1

2位 根本 薫 3票
ビビリ／脅かしたりするといつもいい反応をする

1位 金田 和之 12票
ビビリ特集動画がつくられていた／いつも誰かに驚かされている／挨拶しただけでビビる／いつも怖がっている／驚かしたらすごいビビる／怖がり

3位 杉本 裕太郎 2票
体の割にビビリ／声出してびびってる

番外編
佐竹 学コーチ よくいじられている
荒西 祐大 日本ハムの中田翔選手にあてたときの顔が終わってた

練習の虫！努力家 No.1

2位 稲富 宏樹 3票
打撃練習をずっとしている／努力家／いつも練習している

1位 張 奕 11票
気合が違う／投手になっても変わらずに、すごい練習をしている／いつも練習しているイメージ／努力家／練習量が多い

3位 山足 達也 2票
隠れて練習している／24時間室内でバッティングしている

番外編
アルバース 練習態度が素敵
伏見 寅威 常に練習しているイメージ／努力家

選手のみなさん、ご協力ありがとうございました！

TEAM MASCOT

多くのみなさまに愛されているオリックス・バファローズ公式マスコット
「バファローブル」と「バファローベル」。今シーズンもファンの
みなさまとともにチームを全力で盛り上げます！

【Q&Aの見方】
①ココを見て ②こう呼んで ③○○○オタク ④天敵 ⑤癒し ⑥大好物 ⑦ラッキーカラー ⑧お気に入りのミュージシャン ⑨理想のオリ達・オリ姫 ⑩マイヒーロー ⑪ここ一番の勝負服 ⑫ちょっとした贅沢 ⑬大阪・神戸のオススメスポット ⑭今シーズンの目標・公約はコレだ！

いつも応援を
ありがとう
今年も一緒に選手に
声援を送ろう!!

今年もたくさんの
お友だちに
会いたいな〜
球場で待ってるよ

111 バファローブル
Buffalo BULL

バファローズ愛にあふれた、やんちゃでパワフルな好奇心旺盛のお兄ちゃん。ファンサービスは常に全力投球！目指すはマスコット界の日本一。「Buffalo BULL」の「ブル」という名前は、目の色の「BLUE（ブルー）」と強く勇敢な雄牛「BULL（ブル）」を意味している。さらに、ファンを「ブルブル」と身震いさせるような熱い戦い、勝利を！という思いが込められている。

Bull's Q&A
①かっこいい角 ②ブルくん ③おにぎりグッズあつめ ④お勉強 ⑤ベルに邪魔されずにお昼寝!! ⑥おにぎり ⑦ゴールド ⑧SKY ⑨BsGirlsのお姉さん ⑩バファローズの選手 ⑪ホームユニフォーム ⑫コシヒカリのおにぎりを食べる ⑬京セラドーム大阪 ⑭選手と喜びのハイタッチをたくさんする

222 バファローベル
Buffalo BELL

愛嬌たっぷりのバファローブルの妹。名前の由来は、勝利の女神で、勝利の「鐘（ベル）」を鳴らし、かわいらしさと「美しさ（フランス語のBelle）」の意味が込められている。キュートな表情に、かわいらしい仕草で胸キュンする人も多い。おしゃれなコーディネートにも注目だ！

Bell's Q&A
①チャーミングなえがお ②ベルちゃん ③写真あつめ ④くらいところ ⑤いちご狩りにいくこと★ ⑥い・ち・ご ⑦ピンク ⑧SKY ⑨バファローズの選手 ⑩BsGirlsのお姉さん ⑪ホームユニフォーム ⑫いちごいっぱいのパフェ ⑬ほっともっと神戸 ⑭いちごのグッズをいっぱい集める

VOICE NAVIGATOR & STADIUM REPORTER

今シーズンもオリックス・バファローズ主催試合でアナウンスを担当するのは
「ボイス・ナビゲーター」の神戸佑輔さんと「スタジアムレポーター」の
山根七星さんのふたり。今シーズンも球場内外を盛り上げます！

【Q&Aの見方】
①ココを見て ②こう呼んで ③○○○オタク ④天敵 ⑤宝物 ⑥大好物 ⑦ラッキーカラー ⑧お気に入りのミュージシャン ⑨理想のオリ達・オリ姫 ⑩マイヒーロー ⑪ここ一番の勝負服 ⑫ちょっとした贅沢 ⑬大阪・神戸のオススメスポット ⑭今シーズンの目標・公約はコレだ！

| ボイス ナビゲーター | 神戸 佑輔（かんべ ゆうすけ） | スタジアム レポーター | 山根 七星（やまね ななせ） |

いつもチームにご声援をくださりありがとうございます。
自分にできる事は手を抜かずにしっかりやり、微力ながら
みなさんに球場で楽しい時間を過ごしていただけるよう努めます。
今シーズンもバファローズの応援をよろしくお願いいたします。

すれ違った時やスタンドから「ななせちゃーん」と
声をかけていただいたときは、とっても嬉しいです。
2020シーズン、バファローズの優勝に向けてともに
応援しましょう！

Kanbe Q&A

①声のレンジ ②カンベ ③歩くこと ④雨 ⑤イージーリスニング ⑥餃子 ⑦赤 ⑧寺井尚子さん ⑨おもしろい人 ⑩イチロー さん ⑪NEW ERA ⑫お昼まで寝ること ⑬アジュール舞子 ⑭文章の意図を伝えられる読み

Yamane Q&A

①ユニフォームコーデ ②ななせちゃん ③（にわか）お笑いオタク ④漢字 ⑤愛犬のましゅ ⑥ラーメン♪ ⑦白 ⑧Mr.Children ⑨一緒にいて楽しいオリ達 ⑩宮崎あおいさん ⑪ロングスカート ⑫お風呂あがりのアイス ⑬舞洲☆ ⑭楽しく、元気に！

Member List 2020

BsG
Bs Girls

オリックス・バファローズをファンのみなさまとともに盛り上げる
球団公式ダンス＆ヴォーカルユニット『BsGirls』。
2020年は1170名の応募のなかから選ばれた14名がシーズンを盛り上げる。
今シーズンもBsGirlsに注目だ！

【Q&Aの見方】
❶私のココを見て ❷私をこう呼んで ❸私は○○オタク ❹私の天敵 ❺私の癒し ❻私の大好物 ❼私のラッキーカラー ❽私のお気に入りミュージシャン
❾私の理想のオリ達 ❿私のマイヒーロー ⓫私のここ一番の勝負服 ⓬私のちょっとした贅沢 ⓭私の大阪・神戸のオススメスポット ⓮私の今シーズンの
目標・公約はコレ！

312 Vocal/Leader
CHAL

大阪府／A型／7年目

❶全力120％のパフォーマンス
❷ちゃる！
❸K-POP
❹満員電車
❺音楽を聴くことと自然が多い場所
❻逆に嫌いな食べ物が無い！全部好き！
❼シルバー、紫
❽EXO、BIGBANG、iKON、BLACKPINK、AAA
❾目標や夢に向かって全力な人、面白い人
❿選手のみなさん
⓫シンプルにまとめる
⓬頑張ったあとに行く、
　少し高級な焼肉屋さん
⓭京セラドーム大阪、
　ほっともっとフィールド神戸
⓮チームを優勝に導く

● Message to Fans
そばにいてくれて本当にありがとうございます。
BsGirlsとともに7年目を迎えました。
今までで一番長く良いシーズンを過ごしましょう。
今シーズンもよろしくお願い致します！

337 Performer/Sub leader
MIYU

滋賀県／B型／5年目

❶上がりすぎ口角！（笑）
❷MIYU、ぱんだ！
❸パンダオタク！スケボーに乗るのも好きです♪
❹カエル・寒さ……
❺お笑い動画を見る時間！（笑）
❻塩タン、タルトケーキ
❼ホワイト
❽AAAさん、Nissyさん、EXOさん、清水翔太さん
❾面白い、優しい、いい匂い！
❿CHAL
⓫シンプルスタイル！
⓬大好きなお姉さんのリンパマッサージ☆
⓭京セラドーム大阪、
　ほっともっとフィールド神戸
⓮後悔のない毎日を過ごす

● Message to Fans
みなさま、いつもオリックス・バファローズ、
そしてBsGirlsを支えてくださりありがとうございます！
今シーズンも濃いシーズンになるようにともに
熱く闘っていきましょう！よろしくお願い致します。

342 Performer YUKINA

大阪府／A型／4年目

①柔軟性を生かしたアクロバットパフォーマンス！笑うと目がなくなる全開笑顔！天然カールの長い自まつ毛！
②ゆきにゃん、ゆっきーな
③いちごには目がないです♡香水、リップ、キャンドル集め（コレクションしつつ愛用しています）
④辛い食べ物、ホラー映画
⑤愛犬プーチ♡映画はミュージカル、ダンス、アクション映画が好きです♡
⑥いちご、チーズ料理
⑦ピンク！必勝カラーは赤！
⑧安室奈美恵さん、Da-iCE、全般的に洋楽が大好き♡
⑨一緒にいて楽しい人！芯が強く自分を持ってる人！花村想太さん
⑩安室奈美恵さん♡私のお母さん♡
⑪色物柄物大好き♡Lily Brown、Noela、adidas
⑫お洋服や化粧品、アクセサリーなど欲しいものを爆買いする♡笑
⑬大阪はユニバーサル・スタジオ・ジャパン、神戸はオシャレなCafeや夜景が見える温泉施設♡
⑭2020はチームが優勝できるよう全力で応援して球場を盛り上げます！自分にしかできないアクロバットパフォーマンスでみなさんを驚かせて魅せます！

● Message to Fans

大好きなみなさまへ
いつも温かいご声援、本当にありがとうございます♡
今シーズンもスマイル全開パワー全開でチームを盛り上げていきたいと思います！
一緒に最幸のシーズンにしましょう♡
よろしくお願い致します！

354 Vocal SAYAKA

石川県／A型／2年目

①笑った時に出るえくぼ
②SAYAKA
③動物の写真を見ること♡
④トマトが大の苦手
⑤携帯のロック画面にしている愛猫
⑥カレーライス
⑦黄色、紫色
⑧BIGBANG、iKON、TWICE
⑨新田真剣佑さん！
⑩モデルの前田希美さん
⑪Tory Burch
⑫頑張った日は甘い物食べる！
⑬ケーキ屋さん♡
⑭大人っぽくなること！

● Message to Fans

2019シーズン沢山のご声援ありがとうございました！
2020シーズンはもっともっとパワフルに！
自分らしくもっともっと頑張りますので、
みなさま、よろしくお願い致します！

355 Vocal INA

大阪府／A型／2年目

①…RAP!!
②…NAてん
③美容・健康グッズ集め
④花粉
⑤半身浴をしながら映画鑑賞
⑥お肉!!
⑦シルバー
⑧YG、Migos、6ix9ine、Jay Park
⑨面白い人！ちょっとだけ真面目な人!!
⑩母親
⑪ストリートファッション
⑫いつも我慢しているご飯をおかわりすること！（笑）
⑬京セラドーム大阪、もっともっとフィール…神戸
⑭頑張る！

● Message to Fans

パフォーマーからヴォーカルになりました！
今シーズンもBsGirlsとしてパフォーマンスができることを幸せに思います。
2020シーズンもよろしくお願い致します。

356 Performer AMANE

奈良県／O型／2年目

①片エクボ
②アマ、アマゾネス、アマネ
③アニメ
④お化け
⑤ディズニー全般、パイレーツ・オブ・カリビアン
⑥ハンバーグ、マスカット
⑦緑、ピンク
⑧WANIMA、東方神起
⑨ユノユンホさん
⑩田中みな実さん、ユノユンホさん
⑪大人っぽい格好
⑫コンビニのちょっと高めのケーキ
⑬ユニバーサル・スタジオ・ジャパン
⑭色っぽく魅力のある女性

● Message to Fans

2020年もオリックス・バファローズをともに応援していきましょう!!!
よろしくお願いします！

357 Performer
MOEKA

大阪府／O型／2年目

❶片えくぼ!!
❷もえちゃそ
❸アニメオタク
❹虫系全部。アリもダンゴムシも触れない。
　見ると叫んでしまいます
❺髪の毛染めてる時
❻激辛
❼ピンクかイエロー
❽BLACKPINK, ITZY
❾黒髪パーマで、何かを頑張ってる人!
❿渡辺直美さん
⓫こだわりスタイルは、個性的
⓬コンビニの少し高めのいちごのアイスバー
⓭ユニバーサル・スタジオ・ジャパン
⓮食べ物の好き嫌いを無くし、
　野菜も食べる!

⓯ Message to Fans
2020年も一緒にオリックス・バファローズを
盛り上げていきましょう!
応援よろしくお願いいたします!

358 Performer
NATSU

兵庫県／A型／2年目

❶Instagramの私服
❷ナ〜
❸K-popオタ〜
❹ホラー全般、
❺絶叫アトラクションに乗る事、Marvel作品を見る
❻韓国料理、抹茶のスイーツ、kiriのクリームチーズ
❼モノトーンが大好き
❽BIGBANGをはじめ、YGのarti
❾冷めてるくらい落ち着いてる人
　三白眼の人、佐藤健さ
❿BIGBANGのSOLさん、
⓫ブランド→who's whe
　スタイル→モノトーンコーデ、帽
⓬両手は袋を持つくらい服を買うこ
⓭ユニバーサル・スタジオ・ジャ
　京セラドーム大
⓮2019年と違った一面、成長した姿を見せる
　新しい事に挑戦す

⓯ Message to Fans
いつも温かいメッセージ、
言葉を下さりありがとうございます!!
みなさまは私の頑張る力の源であり支えです!
感謝の気持ちをパフォーマンスで
みなさまにお返しします!!!
そしてみなさまの日々の活力になる
そんな存在になります!

359 Performer/Sub leader
YURINA

岡山県／O型／2年目

❶黒髪赤リップ・高身長でダイナミックなダンス
❷YURINA
❸筋トレ・プロテイン
❹お化け
❺家族、チョビ(愛猫)、友達、メンバー、
　ファンのみなさま
❻チョコレート・お肉・お寿司
❼黒
❽EXILE、三代目 J SOUL BROTHERS、E-Girls、
　GENERATIONS
❾お互いを高めあえる人、応援して支えてくれる人、
　面白い人、EXILEのTAKAHIROさん
❿EXILEさん、E-Girlsさん
⓫EMODA, MOUSSY, SLY、全身真っ黒コーデ
⓬好きなものを好きなだけ食べる
⓭京セラドーム大阪とその隣のイオン、
　ほっともっとフィールド神戸
⓮みんなを引っ張っていける存在になる、
　常に全力パフォーマンス、
　Buffaloesの勝利の女神になる

⓯ Message to Fans
いつもBuffaloesやBsGirlsの応援
ありがとうございます!
今年も全力でチームを応援し
優勝目指しましょう!
今シーズンもよろしくお願いします!!

360 Performer
REINA

大阪府／A型／2年目

❶笑顔とダンス♪
❷REINA
❸最近の趣味は映画鑑賞!
❹雷、虫、飛行機……
❺赤ちゃん、子ども、小さい子が大好きです♡
❻パン、フルーツ
❼ピンク
❽AAA
❾優しくて笑顔が素敵な人、オシャレな人
❿BLACKPINK
⓫勝負服は決まってないです(笑)
　その日の気分でコーディネート!
⓬練習後に甘いもの♡
⓭京セラドーム大阪、
　ほっともっとフィールド神戸、
　ユニバーサル・スタジオ・ジャパン
⓮Buffaloesを優勝に導けるように。
　昨年よりさらにパワーアップした
　パフォーマンスを!

⓯ Message to Fans
大好きなみなさま
いつも温かいご声援ありがとうございます!
今年もSMILE全開でREINAらしく
頑張りますので2年目もよろしくお願い致します!

362 Vocal
NUI
大阪府／A型／1年目

❶ホクロ
❷NUI
❸映画を見ること
❹ピーマン、わさび
❺飼っているトイ・プードルのcoco
❻焼肉
❼白黒
❽TWICE
❾松田翔太さん
❿MOUSSYの店員さん
⓫MOUSSY、スカートが好き
⓬焼肉を食べること
⓭新世界
⓮自身のスキルアップ

○ Message to Fans
精一杯パフォーマンスするので、
応援よろしくお願い致します！

363 Performer
YUUKI
大阪府／O型／1年目

❶笑顔!!
❷YUUKI
❸野菜の栄養を調べること
❹生の海鮮類
❺赤ちゃん
❻コロッケ
❼オレンジが好きです
❽関ジャニ∞さん、ジャニーズWESTさん
❾優しくて面白い人
❿父と母
⓫膝上くらいのスカートを着る
⓬お風呂上りのアイス
⓭ユニバーサル・スタジオ・ジャパン
⓮今シーズンから新メンバーとして
活動させて頂くので、
分からないことだらけですが
何事にもいつでも
全力で挑むのが目標です

○ Message to Fans
初めまして新メンバーのYUUKIです。
今シーズンBsGirlsとして全力でパフォーマンスと
応援をさせていただきます。
みなさまにお会いできるのを楽しみにしています。
よろしくお願い致します！

364 Performer
NANAMI
大阪府／O型／1年目

❶強いて言えば笑うときのえくぼ
❷ななみ！なな！
❸YouTube、特にゲーム実況
❹クモ
❺家族、ペット、友だち、夕空
❻お寿司！、フルグラ（チョコ＆バナナ）
❼ベージュ系、
❽Dua Lipa、5SOS、とか邦楽も色々!!
❾何事にも一生懸命な人・大切にしてくれる人
❿姉
⓫結婚式用のワンピース
⓬ユニバーサル・スタジオ・ジャパンや
東京ディズニーランドに行った時、
パーク内のレストランで飲食すること
⓭ユニバーサル・スタジオ・ジャパン
⓮レベルアップ！常に全力で！

Message to Fans
はじめましてNANAMIです。
今シーズン、オリックス・バファローズの応援と
みなさまに楽しんでもらえるよう頑張ります！
よろしくお願い致します！

365 Performer
SAKURA
大阪府／O型／1年目

❶笑顔
❷さくら、さくちゃん、さく
❸野球観戦、お笑いをみること
❹虫、トマト
❺猫の可愛い動画を見ること
❻お寿司（サーモン♡）
❼ピンク、パステルカラー
❽GENERATIONS、EXILE
❾面白くて何事にも一生懸命な人
❿野球選手、お笑い芸人さん
⓫スカートを履くこと
⓬コスメを買うこと、
サーモンをいっぱい食べること
⓭京セラドーム大阪、
ほっともっとフィールド神戸、
舞洲
⓮オリックス・バファローズを
全力で応援することです！

● Message to Fans
はじめまして！
新メンバーのSAKURAです！
BsGirlsとして一生懸命頑張ります。
よろしくお願い致します！

GAME SCHEDULE
一軍公式戦日程

【球団からのお知らせ】
掲載の公式戦日程は、2月末時点での情報です。
新型コロナウイルスの感染拡大を受け開幕が延期となり、
今後の日程は大幅に変更となる場合がございますので、予めご了承ください。
今後の日程・開催球場・試合時間・イベント等については、
球団ホームページにてご確認ください。

3・4月 MARCH & APRIL

月	火	水	木	金	土	日
3/16	17	18	19	20	21 vs.東北楽天 楽天生命 13:00	22 13:00
					vs.東北楽天 13:00	
23	24 OPENING SERIES vs.福岡ソフトバンク 京セラD大阪 18:00	25 OPENING SERIES 18:00	26 OPENING SERIES 18:00	27	28 THANKS KOBE vs.埼玉西武 ほっと神戸 13:00	29 THANKS KOBE 13:00
30	31 vs.北海道日本ハム 札幌D 18:00	4/1 18:00	2 18:00	3 vs.千葉ロッテ 京セラD大阪 18:00	4 18:00	5 13:00
6	7 vs.埼玉西武 大宮 14:00	8 メットライフ 18:00	9	10 vs.東北楽天 京セラD大阪 18:00	11 14:00	12 F 14:00
13	14 vs.福岡ソフトバンク PayPay 18:00	15 北九州 18:00	16 18:00	17 vs.千葉ロッテ ZOZO 18:00	18 14:00	19 14:00
20	21 vs.北海道日本ハム 京セラD大阪 18:00	22 18:00	23 18:00	24	25 vs.埼玉西武 京セラD大阪 18:00	26 13:00
27	28 vs.東北楽天 楽天生命 18:00	29 18:00	30 18:00			

5月 MAY

月	火	水	木	金	土	日
				1 vs.福岡ソフトバンク 京セラD大阪 18:00	2 14:00	3 13:00
4	5 vs.千葉ロッテ ZOZO 14:00	6 14:00	7	8 vs.北海道日本ハム 札幌D 18:00	9 14:00	10 14:00
11	12 vs.東北楽天 京セラD大阪 18:00	13 18:00	14 18:00	15 vs.北海道日本ハム 京セラD大阪 18:00	16 14:00	17 F 13:00
18	19 vs.福岡ソフトバンク PayPay 18:00	20 18:00	21	22 vs.埼玉西武 メットライフ 18:00	23 14:00	24 13:00
25	26 vs.横浜DeNA 横浜 18:00	27 18:00	28	29 オリ姫Day vs.東京ヤクルト 京セラD大阪 18:00	30 オリ姫Day 18:00	31 オリ姫Day 13:00

6月 JUNE

月	火	水	木	金	土	日
1	2 vs.阪神 甲子園 18:00	3 18:00	4 18:00	5 vs.中日 ナゴヤD 18:00	6 18:00	7 14:00
8	9 vs.巨人 京セラD大阪 18:00	10 18:00	11 18:00	12 vs.広島 京セラD大阪 18:00	13 18:00	14 13:00
15	16	17	18	19 THANKS KOBE vs.千葉ロッテ ほっと神戸 ★ 18:00	20 ★ 18:00	21 F 京セラD大阪 13:00
22	23 vs.東北楽天 弘前 18:00	24	25 vs.東北楽天 楽天生命 18:00	26 KANSAI CLASSIC vs.福岡ソフトバンク 京セラD大阪 18:00	27 KANSAI CLASSIC 18:00	28 KANSAI CLASSIC 13:00
29	30 vs.北海道日本ハム 京都 18:00					

7月 JULY

月	火	水	木	金	土	日
		1 vs.北海道日本ハム 京都 18:00	2	3 vs.埼玉西武 メットライフ 18:00	4 14:00	5 13:00
6	7 vs.千葉ロッテ 京セラD大阪 18:00	8 18:00	9 18:00	10 vs.福岡ソフトバンク PayPay 18:00	11 14:00	12 14:00
13	14 vs.北海道日本ハム 旭川 18:00	15 18:00	16	17 THANKS KOBE vs.東北楽天 ほっと神戸 ★ 18:00	18 ★ F 18:00	19 オールスター 第1戦 PayPay
20 オールスター 第2戦 ナゴヤD	21	22	23	24	25	26
27	28	29	30	31		

8月 AUGUST

月	火	水	木	金	土	日
					1	2
3	4	5	6	7	8	9
10	11	12	13	14 vs.千葉ロッテ ZOZO 18:00	15 17:00	16 17:00
17 vs.千葉ロッテ ZOZO (予備日)	18 vs.埼玉西武 京セラD大阪 18:00	19 18:00	20 18:00	21 Bs夏の陣2020 vs.福岡ソフトバンク 京セラD大阪 18:00	22 Bs夏の陣2020 14:00	23 Bs夏の陣2020 13:00
24	25 vs.東北楽天 楽天生命 18:00	26 18:00	27	28 Bs夏の陣2020 vs.北海道日本ハム 京セラD大阪 18:00	29 Bs夏の陣2020 14:00	30 Bs夏の陣2020 F 13:00
31						

9月 SEPTEMBER

月	火	水	木	金	土	日
	1 vs.埼玉西武 京セラD大阪 18:00	2 vs.埼玉西武 京セラD大阪 18:00	3	4 vs.千葉ロッテ ZOZO 18:00	5 vs.千葉ロッテ ZOZO 17:00	6 vs.千葉ロッテ ZOZO 17:00
7	8 ★ THANKS KOBE vs.東北楽天 ほっと神戸 18:00	9 THANKS KOBE vs.東北楽天 ほっと神戸 18:00	10 vs.東北楽天 ほっと神戸（予備日）	11 vs.福岡ソフトバンク PayPay 18:00	12 vs.福岡ソフトバンク PayPay 18:00	13 vs.福岡ソフトバンク PayPay 13:00
14	15 vs.北海道日本ハム 札幌D 18:00	16 vs.北海道日本ハム 札幌D 14:00	17	18	19 vs.千葉ロッテ 京セラD大阪 14:00	20 vs.千葉ロッテ 京セラD大阪 14:00
21 vs.千葉ロッテ 京セラD大阪 13:00	22 vs.埼玉西武 メットライフ 14:00	23 vs.埼玉西武 メットライフ 18:00	24 vs.埼玉西武 メットライフ 18:00	25 vs.東北楽天 京セラD大阪 18:00	26 vs.東北楽天 京セラD大阪 14:00	27 vs.東北楽天 京セラD大阪 13:00
28	29 vs.千葉ロッテ 京セラD大阪 18:00	30 vs.北海道日本ハム 札幌D 18:00				

10月 OCTOBER

月	火	水	木	金	土	日
			1 vs.北海道日本ハム 札幌D 18:00	2 vs.埼玉西武 京セラD大阪 18:00	3 vs.埼玉西武 京セラD大阪 14:00	4 vs.埼玉西武 京セラD大阪 13:00
5 vs.北海道日本ハム 京セラD大阪 18:00	6 vs.福岡ソフトバンク PayPay 18:00	7 vs.福岡ソフトバンク PayPay 18:00	8	9	10 vs.東北楽天 楽天生命 13:00	11 vs.埼玉西武 メットライフ 13:00
12	13	14	15	16	17	18
19	20	21	22	23	24 クライマックスシリーズ ファーストステージ ▶▶▶▶▶▶▶	25 ▶▶
26	27	28 クライマックスシリーズ ファイナルステージ	29	30	31 ▶▶▶▶▶▶▶▶▶▶▶▶▶▶▶	11/1
▶▶▶▶▶▶▶（予備日）	2	3	4 ▶▶▶▶▶▶▶▶▶（予備日）	5	6	7	8

Bs本拠地開幕シリーズ
supported by 個別指導キャンパス
福岡ソフトバンクホークス戦を迎えて戦うホーム開幕3連戦!!

THANKS KOBE
「がんばろうKOBE」から25年、そして神戸移転から30年を迎える2020年シーズン、ほっと神戸8試合は当時のブルーウェーブ復興ユニフォームで戦います!

誇り高き闘将
〜西本幸雄メモリアルゲーム〜
生誕100年を迎える闘将を称え、阪急ブレーブス初優勝を飾った1967年当時のユニフォームが復刻! 闘将の背番号『50』をチーム全員で背負い、戦います!

オリ家族シリーズ
GWは家族でドームへ! ファミリーで楽しめる様々なイベントをご用意しております!

オリザニアキッズ
オリっ子たち大集合! 球場の裏側を体験できる、キッズ限定のイベント!

Bsオリ姫デー 2020
supported by FWD富士生命
オリ姫のオリ姫によるオリ姫のためのオリ姫デー! 今年はパワーアップして3日間の開催です♪

神戸大花火大会
大人気の花火大会がさらにスケールアップ! 試合終了後に大迫力の花火大会を開催!

大阪代表バファローズ高校
（2年連続2回目）
2年連続の出場決定! 高校野球の聖地の雰囲気が京セラDで再現される!

KANSAI CLASSIC 2020
懐かしいユニフォームが復刻! 関西パ・リーグ「近鉄バファローズvs南海ホークス」の伝説が蘇る!

Bs 夏の陣2020
バファローズ恒例の夏のビッグイベントを今年も開催! どんな限定ユニフォームを着用するのか?! お楽しみに!

オリザニア
大人だって楽しみたい! 球場の裏側を体験できる、大人限定のイベント!

大人の部活
月1（ツキイチ）水曜日は、大人の部活で汗をかこう! 試合終了後のグラウンドで大人のための体験型イベントを開催!

サードユニフォームデー
選手たちもファンもひとつになって2020年のサード「勝紺（しょうこん）」ユニフォームを着用して、一緒に戦おう!

■ ホームゲーム（京セラドーム大阪）　■ ホームゲーム（ほっと神戸）
■ 地方主催ゲーム　■ セ・パ交流戦

● ファンクラブデー
オフィシャルファンクラブ「BsCLUB」会員のみなさまに、嬉しい企画をご用意しております! お楽しみに♪

★ 花火ナイト
ほっと神戸の大人気イベント! ボールパークの夜空に大迫力の花火が舞い上がります!

※日程および時刻、イベント等は変更される場合があります。ホームページ、モバイルサイト、新聞等でご確認ください。

HOME STADIUM ホームスタジアム

京セラドーム大阪

大阪府大阪市西区千代崎3-中2-1
55,000人収容（プロ野球開催時最大席数36,220席）
両翼100m・中堅122m

電車を利用される方▼

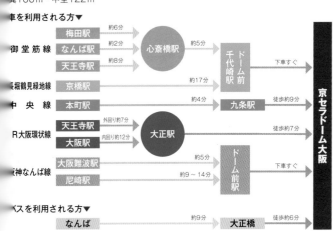

御堂筋線　梅田駅 約6分／なんば駅 約2分／天王寺駅 約8分 → 心斎橋駅 約5分 → 千代崎駅・ドーム前駅 下車すぐ
長堀鶴見緑地線　京橋駅 約17分
中央線　本町駅 約4分 → 九条駅 徒歩約9分
JR大阪環状線　天王寺駅 外回り約7分／大阪駅 内回り約12分 → 大正駅 徒歩約7分
阪神なんば線　大阪難波駅 約5分／尼崎駅 約9〜14分 → ドーム前駅 下車すぐ

バスを利用される方▼
なんば 約9分 → 大正橋 徒歩約6分 → 京セラドーム大阪

ほっともっとフィールド神戸

兵庫県神戸市須磨区緑台3251-10（神戸総合運動公園内）
35,000人収容
両翼99.1m・中堅122m

電車を利用される方▼

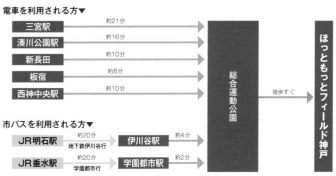

三宮駅 約21分／湊川公園駅 約16分／新長田 約10分／板宿 約8分／西神中央駅 約10分 → 総合運動公園 徒歩すぐ → ほっともっとフィールド神戸

市バスを利用される方▼
JR明石駅 約20分 地下鉄伊川谷行 → 伊川谷駅 約4分
JR垂水駅 約20分 学園都市行 → 学園都市駅 約2分 → 総合運動公園

〈ライトスタンドにおける禁止事項〉オリックス・バファローズ以外の球団の応援行為・服装の着用・応援グッズの使用はできません。予めご了承ください。
〈外野席での応援について〉バファローズ／ビジターチームともに、攻撃時には立って応援するお客様が多数いらっしゃいます。予めご了承ください。

| 球団からのお知らせ | 掲載の公式戦日程は、2月末時点での情報です。新型コロナウイルスの感染拡大を受け開幕が延期となり、今後の日程は大幅に変更となる場合がございますので、予めご了承ください。今後の日程・開催球場・試合時間・イベント等については、球団ホームページにてご確認ください。 |

KYOCERA DOME OSAKA　ダイヤモンド　座席エリア

(3/24㊋・25㊌・26㊍、4/25㊏・26㊐)
(5/1㊎・2㊏・3㊐、6/21㊐・27㊏・28㊐)
※8月・9月・10月分は、6月中旬頃までに球団公式サイトで発表いたします。

①大商大シートS
②大商大シートA
③大商大シートB
④エキサイト指定席
⑤特別中央指定席(飲食付)
⑥ネット裏指定席
⑦ビュー指定席
⑧ライブ指定席
⑨SS指定席
⑩S指定席
⑪ダイナミック指定席
⑫A指定席
⑬B指定席
⑭バリュー指定席
⑮上段中央指定席
⑯内野自由席
⑰ライトホームラン指定席
⑱下段ライト指定席
⑲外野自由席

外野レストラン席
⑳アサヒ
㉑杵屋
㉒スターダイナー

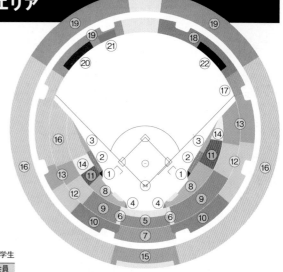

※この座席エリアは概要図ですので、実際の位置関係と異なる場合があります

■チケット料金(税込:円)　　※こども料金は小・中学生

座席		一般 当日料金	一般 前売料金	BsCLUB会員 当日料金	BsCLUB会員 前売料金
大商大シートS DP		22,000	20,000		
2 大商大シートA DP	前方	13,500	12,500		
	後方	12,000	11,000		
3 大商大シートB DP		10,000	9,500		
4 エキサイト指定席	ペア	25,000	23,000		
	3名	33,000	28,500		
5 特別中央指定席(飲食付)		9,400	8,400		
6 ネット裏指定席		7,800	6,800		
7 ビュー指定席		6,000	5,400	5,400	4,900
8 ライブ指定席 ✛		6,500	6,000	6,000	5,500
9 SS指定席 ✛		5,200	4,700	4,700	4,000
10 S指定席 ✛		4,500	4,000	4,000	3,300
11 ダイナミック指定席 ✛		4,700	4,200	4,200	3,500
12 A指定席 ✛		3,800	3,400	3,400	2,800
13 B指定席 ✛	大人	3,700	3,300	3,300	2,500
	こども	2,100	1,700	1,700	1,300
14 バリュー指定席 ✛	大人	4,200	3,600	3,600	2,900
	こども	2,400	2,000	2,000	1,500

座席		一般 当日料金	一般 前売料金	BsCLUB会員 当日料金	BsCLUB会員 前売料金
15 上段中央指定席	大人	3,000	2,700	2,700	2,000
	こども	1,600	1,500	1,500	1,000
16 内野自由席	大人	2,700	2,300	2,300	1,700
	こども	1,200	1,100	1,100	700
17 ライトホームラン指定席		3,000	2,500	2,500	2,000
18 下段ライト指定席	大人	2,100	2,000	2,000	1,400
	こども	800	700	700	600
19 外野自由席	大人	2,100	2,000	2,000	1,400
	こども	800	700	700	600
20 アサヒ	4名BOX	11,200	9,600	9,600	9,200
	6名BOX	16,800	14,400	14,400	13,800
21 杵屋 外野レストラン席	1卓テーブル	2,800	2,400	2,400	2,300
	2卓テーブル	5,600	4,800	4,800	4,600
	4卓テーブル	11,200	9,600	9,600	9,200
22 スターダイナー 外野レストラン席	1名	5,300	5,100	5,100	5,000
	TABLEペア	11,200	10,800	10,800	10,600
	TABLE4	22,400	21,600	21,600	21,200
	BOX4	23,200	22,400	22,400	22,000
	BOX6	34,800	33,600	33,600	33,000
	12名 パーティールーム	69,600	67,200	67,200	66,000

①✛各席種にプラス200円にてバッティング練習見学ツアー(試合開始3時間前便)付チケットを販売しています。(前売のみ)
②外野レストラン席「スターダイナー」にはソフトドリンク飲み放題&ビュッフェの料金が含まれています。
③大商大シート、エキサイト指定席、スターダイナー(パーティールーム)の前売券は抽選販売になります。抽選販売後は大商大シートのみダイナミックプライシング DP(変動価格制)での販売となり、価格は販売期間内に随時変動します。抽選販売の詳細とスケジュール、その他の席種の発売開始日については、球団公式サイトでご確認ください。
④特別中央指定席は「サッポロスターラウンジ利用&飲食サービス」がご利用いただけます。ラウンジ内のお料理は食べ放題、ソフトドリンクは飲み放題です。アルコール飲料は有料となります。
⑤各席種のエリア・価格は予告なく変更となる場合がございます。
⑥開催時期、対戦カード、イベント等によっては、外野レフト側下段を指定席として販売する場合や、下段ライト指定席を自由席として販売する場合があります。また、レフト下段席の一部をバファローズファン向けに指定席として販売する場合がございます。詳細は球団公式サイトでご確認ください。
⑦こども料金は小中学生が適用となります。未就学児はひざ上無料、お席が必要な場合は有料となります。外野レストラン席は3歳以上からチケットが必要です。
⑧試合によっては団体観戦、イベント開催等により発売しない席種がございます。

KYOCERA DOME OSAKA　金　座席エリア

(4/4㊏・5㊐・11㊏・12㊐)
(5/16㊏・17㊐　7/8㊌・9㊍)
※8月・9月・10月分は、6月中旬頃までに球団公式サイトで発表いたします。

①大商大シートS
②大商大シートA
③大商大シートB
④エキサイト指定席
⑤特別中央指定席(飲食付)
⑥ネット裏指定席
⑦ビュー指定席
⑧ライブ指定席
⑨SS指定席
⑩S指定席
⑪ダイナミック指定席
⑫A指定席
⑬B指定席
⑭バリュー指定席
⑮上段中央指定席
⑯内野自由席
⑰ライトホームラン指定席
⑱下段ライト指定席
⑲外野自由席

外野レストラン席
⑳アサヒ
㉑杵屋
㉒スターダイナー

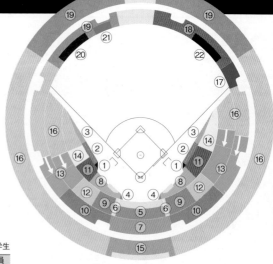

※この座席エリアは概要図ですので、実際の位置関係と異なる場合があります

■チケット料金(税込:円)　　※こども料金は小・中学生

座席		一般 当日料金	一般 前売料金	BsCLUB会員 当日料金	BsCLUB会員 前売料金
大商大シートS DP		22,000	20,000		
2 大商大シートA DP	前方	13,000	12,000		
	後方	11,500	10,500		
3 大商大シートB DP		9,500	8,500		
4 エキサイト指定席	ペア	24,000	22,000		
	3名	31,500	28,500		
5 特別中央指定席(飲食付)		9,200	8,000		
6 ネット裏指定席		7,600	6,600		
7 ビュー指定席		5,600	5,200	5,200	4,900
8 ライブ指定席 ✛		6,500	6,000	6,000	5,500
9 SS指定席 ✛		4,800	4,300	4,300	3,600
10 S指定席 ✛		4,000	3,500	3,500	2,700
11 ダイナミック指定席 ✛		4,500	4,000	4,000	3,200
12 A指定席 ✛		3,800	3,400	3,400	2,600
13 B指定席 ✛	大人	3,300	2,900	2,900	2,100
	こども	1,700	1,300	1,300	900
14 バリュー指定席 ✛	大人	3,600	3,300	3,300	2,400
	こども	2,100	1,700	1,700	1,100

座席		一般 当日料金	一般 前売料金	BsCLUB会員 当日料金	BsCLUB会員 前売料金
15 上段中央指定席	大人	2,800	2,500	2,500	1,800
	こども	1,200	1,100	1,100	700
16 内野自由席	大人	2,500	2,100	2,100	1,500
	こども	1,000	900	900	500
17 ライトホームラン指定席		2,600	2,300	2,300	1,700
18 下段ライト指定席	大人	2,000	1,900	1,900	1,200
	こども	800	700	700	500
19 外野自由席	大人	1,900	1,800	1,800	1,100
	こども	700	600	600	500
20 アサヒ	4名BOX	10,800	9,200	9,200	8,800
	6名BOX	16,200	13,800	13,800	13,200
21 杵屋 外野レストラン席	1卓テーブル	2,700	2,300	2,300	2,200
	2卓テーブル	5,400	4,600	4,600	4,400
	4卓テーブル	10,800	9,200	9,200	8,800
22 スターダイナー 外野レストラン席	1名	5,000	4,800	4,800	4,700
	TABLEペア	10,600	10,200	10,200	10,000
	TABLE4	21,200	20,400	20,400	20,000
	BOX4	22,000	21,200	21,200	20,800
	BOX6	33,000	31,800	31,800	31,200
	12名 パーティールーム	66,000	63,600	63,600	62,400

①✛各席種にプラス200円にてバッティング練習見学ツアー(試合開始3時間前便)付チケットを販売しています。(前売のみ)
②外野レストラン席「スターダイナー」にはソフトドリンク飲み放題&ビュッフェの料金が含まれています。
③大商大シート、エキサイト指定席、スターダイナー(パーティールーム)の前売券は抽選販売になります。抽選販売後は大商大シートのみダイナミックプライシング DP(変動価格制)での販売となり、価格は販売期間内に随時変動します。抽選販売の詳細とスケジュール、その他の席種の発売開始日については、球団公式サイトでご確認ください。
④特別中央指定席は「サッポロスターラウンジ利用&飲食サービス」がご利用いただけます。ラウンジ内のお料理は食べ放題、ソフトドリンクは飲み放題です。アルコール飲料は有料となります。
⑤各席種のエリア・価格は予告なく変更となる場合がございます。
⑥開催時期・対戦カードによっては、外野レフト側下段を指定席として販売する場合がございます。また、レフト下段席の一部をバファローズファン向けに指定席として販売する場合がございます。詳細は球団公式サイトでご確認ください。
⑦こども料金は小中学生が適用となります。未就学児はひざ上無料、お席が必要な場合は有料となります。外野レストラン席は3歳以上からチケットが必要です。
⑧試合によっては団体観戦、イベント開催等により発売しない席種がございます。

KYOCERA DOME OSAKA　銀　座席エリア

（ セ・パ交流戦、ダイヤモンド、金、銅を除く試合 ）

- ①大商大シートS
- ②大商大シートA
- ③大商大シートB
- ④エキサイト指定席
- ⑤特別中央指定席（飲食付）
- ⑥ネット裏指定席
- ⑦ビュー指定席
- ⑧ライブ指定席
- ⑨ＳＳ指定席
- ⑩Ｓ指定席
- ⑪ダイナミック指定席
- ⑫Ａ指定席
- ⑬Ｂ指定席
- ⑭バリュー指定席
- ⑮上段中央指定席
- ⑯内野自由席
- ⑰外野自由席

外野レストラン席
- ⑱アサヒ
- ⑲杵屋
- ⑳スターダイナー

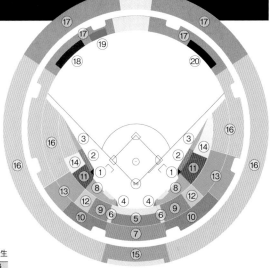

※この座席エリアは概要図ですので、実際の位置関係と異なる場合があります

■チケット料金（税込:円）

※こども料金は小・中学生

座席		一般		BsCLUB会員	
		当日料金	前売料金	当日料金	前売料金
1 大商大シートS DP		22,000		20,000	
2 大商大シートA DP	前方	13,000		12,000	
	後方	11,000		10,000	
3 大商大シートB DP		7,500		6,500	
4 エキサイト指定席	ペア	24,000		22,000	
	3名	31,500		28,500	
5 特別中央指定席（飲食付）		9,200		8,000	
6 ネット裏指定席		7,500		6,500	
7 ビュー指定席		5,600	5,200	5,200	4,900
8 ライブ指定席 ＋		6,500	6,000	6,000	5,500
9 SS指定席 ＋		4,800	4,300	4,300	3,600
10 S指定席 ＋		3,800	3,300	3,300	2,500
11 ダイナミック指定席 ＋		4,500	3,900	3,900	3,200
12 A指定席 ＋		3,700	3,300	3,300	2,500
13 B指定席 ＋	大人	3,200	2,800	2,800	2,000
	こども	1,700	1,300	1,300	900
14 バリュー指定席	大人	3,400	3,000	3,000	2,200
	こども	1,800	1,400	1,400	1,000

座席			一般		BsCLUB会員	
			当日料金	前売料金	当日料金	前売料金
15 上段中央指定席		大人	2,600	2,200	2,200	1,500
		こども	1,100	1,000	1,000	600
16 内野自由席		大人	2,400	2,000	2,000	1,300
		こども	1,000	900	900	500
17 外野自由席		大人	1,800	1,600	1,600	900
		こども	700	600	600	400
18	アサヒ	4名BOX	9,600	8,000	8,000	7,600
		6名BOX	14,400	12,000	12,000	11,400
19 外野レストラン席	杵屋	1名テーブル	2,400	2,000	2,000	1,900
		2名テーブル	4,800	4,000	4,000	3,800
		4名テーブル	9,600	8,000	8,000	7,600
20	スターダイナー	1名	4,700	4,500	4,500	4,400
		TABLEペア	10,000	9,600	9,600	9,400
		TABLE4	20,000	19,200	19,200	18,800
		BOX4	20,800	20,000	20,000	19,600
		BOX6	31,200	30,000	30,000	29,400
		12名パーティールーム	62,400	60,000	60,000	58,800

①＋各席種にプラス200円にてバッティング練習見学ツアー（試合開始3時間前便）付チケットを販売しています。（前売のみ）
②外野レストラン席「スターダイナー」にはソフトドリンク飲み放題＆ビュッフェの料金が含まれています。
③大商大シート、エキサイト指定席、スターダイナー（パーティールーム）の前売券は抽選販売になります。抽選販売後は大商大シートのみダイナミックプライシング DP（変動価格制）での販売となり、価格は販売期間内に随時変動します。抽選販売の詳細とスケジュール、その他の座席の発売開始日については、球団公式サイトでご確認ください。
④特別中央指定席は「サッポロスターラウンジ利用＆飲食サービス」がご利用いただけます。ラウンジ内のお料理は食べ放題、ソフトドリンクは飲み放題です。アルコール飲料は有料となります。
⑤各席種のエリア・価格は予告なく変更となる場合がございます。
⑥こども料金は小中学生が適用となります。未就学児はひざ上無料、お席が必要な場合は有料となります。外野レストラン席は3歳以上からチケットが必要です。
⑦試合によっては団体観戦、イベント開催等により発売しない席種がございます。

KYOCERA DOME OSAKA　銅　座席エリア ※シーズンシート対象外試合

（ 4/22㊌、5/14㊍、6/26㊎ ）
（ 7/7㊋、8/19㊌、9/1㊋ ）

- ①大商大シートS
- ②大商大シートA
- ③大商大シートB
- ④エキサイト指定席
- ⑤エクセレント指定席（飲食付）
- ⑥特別中央指定席（飲食付）
- ⑦ネット裏指定席
- ⑧ビュー指定席
- ⑨ライブ指定席
- ⑩ＳＳ指定席
- ⑪Ｓ指定席
- ⑫ダイナミック指定席
- ⑬Ａ指定席
- ⑭Ｂ指定席
- ⑮バリュー指定席
- ⑯上段中央指定席
- ⑰内野自由席
- ⑱外野自由席
- ⑲ライトホームランデッキ
- ⑳レフトホームランデッキ

外野レストラン席
- ㉑アサヒ
- ㉒杵屋
- ㉓スターダイナー

アドバンスチケット、セレクトチケット、シーズンシート未使用券利用サービスは通常どおりお使いいただけます。

※この座席エリアは概要図ですので、実際の位置関係と異なる場合があります

■チケット料金（税込:円）

※こども料金は小・中学生

座席		一般		BsCLUB会員	
		当日料金	前売料金	当日料金	前売料金
1 大商大シートS DP		22,000		20,000	
2 大商大シートA DP	前方	13,000		12,000	
	後方	11,000		10,000	
3 大商大シートB DP		7,500		6,500	
4 エキサイト指定席	ペア	24,000		22,000	
	3名	31,500		28,500	
5 エクセレント指定席（飲食付）		13,000		12,000	
6 特別中央指定席（飲食付）		9,200		8,000	
7 ネット裏指定席		7,500		6,500	
8 ビュー指定席		5,600	5,200	5,200	4,900
9 ライブ指定席 ＋		6,500	6,000	6,000	5,500
10 SS指定席 ＋		4,800	4,300	4,300	3,600
11 S指定席 ＋		3,800	3,300	3,300	2,500
12 ダイナミック指定席 ＋		4,500	3,900	3,900	3,200
13 A指定席 ＋		3,700	3,300	3,300	2,500
14 B指定席 ＋	大人	3,200	2,800	2,800	2,000
	こども	1,700	1,300	1,300	900
15 バリュー指定席	大人	3,400	3,000	3,000	2,200
	こども	1,800	1,400	1,400	1,000
16 上段中央指定席	大人	2,600	2,200	2,200	1,500
	こども	1,100	1,000	1,000	600

座席			一般		BsCLUB会員	
			当日料金	前売料金	当日料金	前売料金
17 内野自由席		大人	2,400	2,000	2,000	1,300
		こども	1,000	900	900	500
18 外野自由席		大人	1,800	1,600	1,600	900
		こども	700	600	600	400
19 ライトホームランデッキ★		2名	15,000	14,000	14,000	14,000
		4名	30,000	30,000	30,000	30,000
20 レフトホームランデッキ★		4名	30,000	30,000	30,000	30,000
21	アサヒ	4名BOX	9,600	8,000	8,000	7,600
		6名BOX	14,400	12,000	12,000	11,400
22 外野レストラン席	杵屋	1名テーブル	2,400	2,000	2,000	1,900
		2名テーブル	4,800	4,000	4,000	3,800
		4名テーブル	9,600	8,000	8,000	7,600
23	スターダイナー	1名	4,700	4,500	4,500	4,400
		TABLEペア	10,000	9,600	9,600	9,400
		TABLE4	20,000	19,200	19,200	18,800
		BOX4	20,800	20,000	20,000	19,600
		BOX6	31,200	30,000	30,000	29,400
		12名パーティールーム	62,400	60,000	60,000	58,800

①＋各席種にプラス200円にてバッティング練習見学ツアー（試合開始3時間前便）付チケットを販売しています。（前売のみ）
②外野レストラン席「スターダイナー」にはソフトドリンク飲み放題＆ビュッフェの料金が含まれています。
③大商大シート、エキサイト指定席、スターダイナー（パーティールーム）の前売券は抽選販売になります。抽選販売後は大商大シートのみダイナミックプライシング DP（変動価格制）での販売となり、価格は販売期間内に随時変動します。抽選販売の詳細とスケジュール、その他の座席の発売開始日については、球団公式サイトでご確認ください。
④エクセレント指定席、特別中央指定席は「サッポロスターラウンジ利用＆飲食サービス」がご利用いただけます。ラウンジ内のお料理は食べ放題、ソフトドリンクは飲み放題、アルコール飲料は有料となります。
⑤「★ライトホームランデッキ」には、スターダイナーでのビュッフェ料金・ソフトドリンク・ワイン・ビール飲み放題が含まれています。
⑥「★レフトホームランデッキ」には、アサヒでのお食事（メニューよりお1人様3品）・アルコール各種飲み放題が含まれています。
⑦各席種のエリア・価格は予告なく変更となる場合がございます。
⑧こども料金は小中学生が適用となります。未就学児はひざ上無料、お席が必要な場合は有料となります。ただし、外野レストラン席は3歳以上からチケットが必要です。
⑨試合によっては団体観戦、イベント開催等により発売しない席種がございます。

〈ライトスタンドにおける禁止事項〉オリックス・バファローズ以外の球団の応援行為・服装の着用・応援グッズの使用はできません。予めご了承ください。
〈外野席での応援について〉バファローズ/ビジターチームともに、攻撃時には立って応援するお客様が多数いらっしゃいます。予めご了承ください。

KYOCERA DOME OSAKA セ・パ交流戦 座席エリア

/ 5/29㊎・30㊏・31㊐ 対ヤクルト戦 \
/ 6/9㊋・10㊌・11㊍ 対巨人戦 \
/ 6/12㊎・13㊏・14㊐ 対広島戦 \

①大商大シートS
②大商大シートA
③大商大シートB
④エキサイト指定席
⑤特別中央指定席（飲食付）
⑥ネット裏指定席
⑦ビュー指定席
⑧ライブ指定席

⑨S指定席
⑩ダイナミック指定席
⑪A指定席
⑫B指定席
⑬バリュー指定席
⑭下段C指定席
⑮上段中央指定席
⑯上段C指定席

⑰下段外野指定席
⑱上段外野指定席

―― 外野レストラン席 ――
⑲アサヒ
⑳杵屋
㉑スターダイナー

■チケット料金（税込:円）

座席		一般		BsCLUB会員	
		当日料金	前売料金	当日料金	前売料金
1	大商大シートS DP	25,000	25,000	25,000	24,000
2	大商大シートA DP 前方	20,000	20,000	20,000	18,500
	後方	16,000	16,000	16,000	14,500
3	大商大シートB DP	14,000	14,000	14,000	13,500
4	エキサイト指定席 ペア	30,000	30,000	30,000	27,000
	3名	39,000	39,000	39,000	36,000
5	特別中央指定席（飲食付）	12,000	12,000	12,000	10,000
6	ネット裏指定席	7,500	7,500	7,500	7,000
7	ビュー指定席	6,500	6,500	6,500	6,000
8	ライブ指定席 ＋	7,000	7,000	7,000	6,500
9	S指定席 ＋	6,200	6,200	6,200	5,600
10	ダイナミック指定席 ＋	5,200	5,200	5,200	4,600
11	A指定席 ＋	4,600	4,600	4,600	4,000
12	B指定席 ＋	3,500	3,500	3,500	3,000
13	バリュー指定席 ＋	4,200	4,200	4,200	3,600
14	下段C指定席	3,000	3,000	3,000	2,500
15	上段中央指定席 大人	2,500	2,500	2,500	2,000
	こども	1,800	1,800	1,800	1,600

座席		一般		BsCLUB会員	
		当日料金	前売料金	当日料金	前売料金
16 上段C指定席	大人	2,200	2,200	2,200	1,700
	こども	1,200	1,200	1,200	1,000
17 下段外野指定席		2,000	2,000	2,000	1,200
18 上段外野指定席 大人		1,600	1,600	1,600	1,200
	こども	800	800	800	600
19 アサヒ	★4名BOX	32,400	30,400	30,400	30,000
	★6名BOX	48,600	45,600	45,600	45,000
20 杵屋	★1名テーブル	7,000	6,500	6,500	6,400
	★2名テーブル	14,000	13,000	13,000	13,000
	★4名テーブル	28,000	26,000	26,000	25,600
21 スターダイナー	▶アルコール飲み放題なし 1名	6,700	6,500	6,500	6,400
	★1名	8,600	8,400	8,400	8,300
	★TABLEペア	17,600	17,200	17,200	17,000
	★TABLE4	35,200	34,400	34,400	34,000
	★BOX4	36,800	36,000	36,000	35,800
	★BOX6	55,200	54,000	54,000	53,400
	★12名パーティールーム	120,000	108,000	108,000	106,800

※こども料金は小・中学生

※この座席エリアは概要図ですので、実際の位置関係と異なる場合があります

①＋各席種にプラス200円にてバッティング練習見学ツアー（試合開始3時間前便）付チケットを販売しています。（前売のみ）
②外野レストラン席「★アサヒ」には、アルコール＆ソフトドリンク飲み放題とお食事3品の料金が含まれています。
③外野レストラン席「★杵屋」には、松花堂弁当の料金が含まれています。
④外野レストラン席「★スターダイナー」にはアルコール＆ソフトドリンク飲み放題とビュッフェの料金が含まれています。1名のみ、「飲み放題付」または「飲み放題なし」の選択が可能です。
⑤特別中央指定席は「サッポロスターラウンジ利用＆飲食サービス」がご利用いただけます。ラウンジ内のお料理は食べ放題、ソフトドリンクは飲み放題です。アルコール飲料は有料となります。
⑥大商大シート、エキサイト指定席、スターダイナー（パーティールーム）の前売券は抽選販売になります。抽選販売後は大商大シートのみダイナミックプライシング DP（変動価格制）での販売となり、価格は販売期間内に随時変動します。抽選販売の詳細とスケジュール、その他の席種の発売開始日については、球団公式サイトでご確認ください。
⑦各席種のエリア・価格は予告なく変更となる場合がございます。
⑧こども料金は小中学生が適用となります。未就学児はひざ上無料、お席が必要な場合は有料となります。ただし、外野レストラン席は3歳以上からチケットが必要です。
⑨試合によっては団体観戦、イベント開催等により発売しない席種がございます。

Hotto Motto Field KOBE 座席エリア

①フィールド指定席
②ネット裏指定席
③ライブ指定席
④A指定席
⑤B指定席
⑥2階バルコニー指定席

⑦内野自由席
⑧外野自由席
⑨プレモル・ファミリーゾーン
⑩KOBEダイナー
⑪SKYダイナー

■チケット料金（税込:円）

座席		一般		BsCLUB会員	
		当日料金	前売料金	当日料金	前売料金
1	フィールド指定席	7,500	7,000	7,000	6,300
2	ネット裏指定席	6,500	5,800	5,800	5,400
3	ライブ指定席 前方	4,500	4,200	4,200	3,700
	後方	4,300	4,000	4,000	3,500
4	A指定席 前方	4,000	3,600	3,600	2,900
	後方	3,600	3,200	3,200	2,500
5	B指定席 大人	2,500	2,200	2,200	1,800
	こども	1,200	1,000	1,000	700
6	2階バルコニー指定席	3,800	3,400	3,400	2,700
7	内野自由席 大人	2,200	1,900	1,900	1,300
	こども	1,000	800	800	500

※こども料金は小・中学生

座席		一般		BsCLUB会員	
		当日料金	前売料金	当日料金	前売料金
8 外野自由席	大人	1,700	1,400	1,400	900
	こども	700	500	500	400
9 プレモルファミリーゾーン	4名	10,000	9,600	9,600	8,800
	5名	12,500	12,000	12,000	11,000
10 KOBEダイナー	前列	4,800	4,600	4,600	4,400
	後列	4,000	3,800	3,800	3,600
11 SKYダイナー	カウンター席	4,400	4,200	4,200	4,000
	ボックス席 2名	9,000	8,600	8,600	8,200
	ボックス席 3名	13,500	12,900	12,900	12,300

※この座席エリアは概要図ですので、実際の位置関係と異なる場合があります

①B指定席、内野自由席のエリアの大きさは試合によって変更となります。
②「KOBEダイナー」「SKYダイナー」にはソフトドリンク飲み放題＆ビュッフェ料金が含まれています（小学生以上から料金が必要）。
③各席種のエリア・価格は予告なく変更となる場合がございます。
④こども料金は小中学生が適用となります。未就学児はひざ上無料、お席が必要な場合は有料となります。
⑤試合によっては団体観戦、イベント開催等により発売しない席種がございます。

●危険物、ビン・缶・冷凍または750ml以上のペットボトル類、およびクーラーボックス等の持ち込みは禁止しております。 ●球場への飲食物の持ち込みはご遠慮ください。 ●開門後も打撃練習を行っています。ボール等の行方には十分ご注意ください。 ●観客席は禁煙です。喫煙は所定のコーナーでお願いします。

チケット案内 **TICKET GUIDE**

Wakasa Stadium Kyoto　わかさスタジアム京都　座席エリア

(6/30㈫、7/1㈬ 対日本ハム戦)

①バックネット裏指定席　　⑥B指定席
②S指定席　　　　　　　　⑦バリュー指定席
③A指定席　　　　　　　　⑧内野自由席
④ライブ指定席　　　　　　⑨外野自由席（ライト）
⑤グラウンドレベル指定席　⑩外野自由席（レフト）

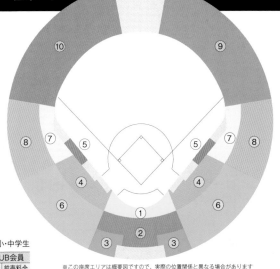

※この座席エリアは概要図ですので、実際の位置関係と異なる場合があります

①試合当日、わかさスタジアム京都でのチケット引取りはできません。必ず事前にチケットをお引き取りください。
②こども料金は小中学生が適用となります。未就学児はひざ上無料、お席が必要な場合は有料となります。
③外野自由席の後方はご観戦場所の指定がない芝生のフリースペースとなっております。
④グラウンドレベル指定席は、内野スタンド（1・3塁）の下に位置するため、オープンエアではなく区切られた空間で座席とグラウンドの間に防球ネットがあります。

■チケット料金（税込：円）

※こども料金は小・中学生

	座席		一般		BsCLUB会員	
			当日料金	前売料金	当日料金	前売料金
1	バックネット裏指定席		7,500	7,000	7,000	6,500
2	S指定席		6,000	5,500	5,500	5,000
3	A指定席		4,500	4,000	4,000	3,500
4	ライブ指定席		5,000	4,500	4,500	4,000
5	グラウンドレベル指定席		5,500	5,000	5,000	4,500
6	B指定席		4,000	3,500	3,500	3,000

	座席		一般		BsCLUB会員	
			当日料金	前売料金	当日料金	前売料金
7	バリュー指定席	大人	3,500	3,000	3,000	2,500
		こども	2,500	2,000	2,000	1,500
8	内野自由席	大人	2,500	2,000	2,000	1,500
		こども	1,500	1,300	1,300	1,000
9	外野自由席 ライト	大人	1,800	1,500	1,500	1,000
		こども	1,300	1,000	1,000	800
10	外野自由席 レフト	大人	1,800	1,500	1,500	1,300
		こども	1,300	1,000	1,000	800

TICKET INFORMATION　選べる購入方法

◆大商大シート、エキサイト指定席、スターダイナー（パーティールーム）の抽選販売は終了しました。残席がある場合のみ、一般前売発売日より販売します。
※販売取扱席種は変更になる場合があります。また、京都開催試合の取扱席種につきましては球団ホームページでご確認願います。
※各販売場所により、取扱席種・販売方法が異なりますので、詳しくは球団ホームページをご覧ください。

インターネットで
※詳細は各プレイガイドのホームページで確認ください。

バファローズ公式ホームページ「オリチケ」
www.buffaloes.co.jp
【スマートフォンサイト】sp.buffaloes.co.jp
◎販売時間／午前6:00〜午前2:00（発売初日は午前10:00〜）
◎販売期間／デーゲーム：試合当日午前9:00まで　ナイター：試合当日午後2:00まで
◎チケット引換／球場、デジタルチケット入場、セブン・イレブン、配送

チケットぴあホームページ pia.jp/t
http://pia.jp/t/buffaloes/
0570-02-9999
◎販売時間／24時間対応（発売初日は午前10:00〜）
※毎週火曜・水曜午前2:30〜午前5:30はシステムメンテナンスのため受付不可
◎販売期間／指定席：試合日2日前まで
◎チケット引換／ぴあ店頭、セブン・イレブン、配送
※「大商大シート」「エキサイト指定席」「ネット裏指定席（京セラ）」「外野レストラン席」「KOBEダイナー」「SKYダイナー」の取り扱いなし。

セブン-イレブン セブンチケット
http://7ticket.jp/sp/buffaloes
◎販売時間／24時間対応（発売初日は午前10:00〜）
◎販売期間／指定席：試合開始まで販売
　　　　　　　自由席：試合開始まで販売 ※ただし、試合当日午前0:00より当日料金になります。
◎チケット引換／セブン・イレブン店頭
※「大商大シート」「エキサイト指定席」「ネット裏指定席（京セラ）」「外野レストラン席」「プレモル・ファミリーゾーン」「KOBEダイナー」「SKYダイナー」の取り扱いなし。

ローソンチケット（ローチケ.com） ローチケ
https://l-tike.com/buffaloes/
◎販売時間／24時間対応（発売初日は午前10:00〜）
◎販売期間／指定席：試合日2日前まで
　　　　　　　自由席：試合開始まで販売 ※ただし、試合当日午前0:00より当日料金になります。
◎チケット引換／ローソン店頭、ミニストップ店頭、配送
※「大商大シート」「エキサイト指定席」「ネット裏指定席（京セラ）」「外野レストラン席」「プレモル・ファミリーゾーン」「KOBEダイナー」「SKYダイナー」の取り扱いなし。

CNプレイガイド CNプレイガイド
http://www.cnplayguide.com/buffaloes/
◎販売時間／午前6:00〜午前2:00（発売初日は午前10:00〜）
◎販売期間／指定席：試合日2日前の午後10:00まで
◎チケット引換／セブン・イレブン、ファミリーマート、配送
※「大商大シート」「エキサイト指定席」「特別中央指定席（セ・パ交流戦のみ販売あり）」「ネット裏指定席（京セラ）」「外野レストラン席」「フィールド指定席」「2階バルコニー指定席」「プレモル・ファミリーゾーン」「KOBEダイナー」「SKYダイナー」の取り扱いなし。

イープラス e+
https://eplus.jp/buffaloes/
◎販売時間／24時間対応（発売初日は午前10:00〜）
※第1、第3木曜午前2:00〜午前8:00は、システムメンテナンスのため受付不可
◎販売期間／指定席：試合日2日前の午後6:00まで
　　　　　　　自由席：試合当日午前0:00より当日料金になります。
◎チケット引換／ファミリーマート、セブン・イレブン、配送
※「大商大シート」「エキサイト指定席」「特別中央指定席（セ・パ交流戦のみ販売あり）」「ネット裏指定席（京セラ）」「外野レストラン席」「フィールド指定席」「2階バルコニー指定席」「プレモル・ファミリーゾーン」「KOBEダイナー」「SKYダイナー」の取り扱いなし。

LINEチケット LINE TICKET
https://ticket.line.me/sp/buffaloes
◎販売期間／指定席：試合日2日前（試合前々日）午後11:59まで
　　　　　　　自由席：試合前日午後11:59まで
◎チケット引換／デジタルチケット（QRコード）のみ
◎販売席種／京セラ：S指定席、B指定席、下段・上段外野指定席（セ・パ交流戦）、内野・外野自由席
　　　　　　　ほっと神戸：ライブ指定席（後方）、B指定席、内野・外野自由席

Yahoo!チケット YAHOO!チケット JAPAN
https://ticket.yahoo.co.jp/special/buffaloes/
◎販売時間／24時間対応（発売初日は午前10:00〜）
◎販売期間／試合日2日前午後9:00まで ※連戦時は2、3戦目とも初日試合日の2日前午後9:00まで。
◎チケット引換／セブン・イレブン、ファミリーマート、配送
◎販売席種／京セラ：S指定席、B指定席、下段・上段外野指定席（セ・パ交流戦）、内野・外野自由席
　　　　　　　ほっと神戸：ライブ指定席（後方）、B指定席、内野・外野自由席

TICKET INFORMATION 選べる購入方法

◆大商大シート、エキサイト指定席、スターダイナー（パーティールーム）の抽選販売は終了しました。残席がある場合のみ、一般前売発売日より販売します。

※販売取扱席は変更になる場合があります。また、京都開催試合の取扱席種につきましては球団ホームページでご確認願います。
※各販売場所により、取扱席種・販売方法が異なりますので、詳しくは球団ホームページをご覧ください。

店頭で

チケットぴあ　店頭　問い合わせ／TEL.0570-02-9111　pia.jp/t
◎販売時間／店舗により営業時間が異なります。
◎販売期間／指定席：試合日2日前まで　自由席：試合日前日まで
※前売初日（3月14日）のセ・パ交流戦の発売はありません。翌15日からの発売です。
※「大商大シート」「エキサイト指定席」「ネット裏指定席（京セラ）」「外野レストラン席」「KOBEダイナー」「SKYダイナー」の取り扱いなし。

チケットぴあ　チケットポート三宮店（B－WAVE内）
◎販売時間／午前11：00〜午後8：00（発売初日は午前10：00〜）
※前売初日（3月14日）のセ・パ交流戦の発売はありません。翌15日午前11：00からの発売です。
◎販売期間／指定席：試合日2日前まで　自由席：試合日前日まで
※「大商大シート」「エキサイト指定席」「ネット裏指定席（京セラ）」「外野レストラン席」「KOBEダイナー」「SKYダイナー」の取り扱いなし。

チケットぴあ（セブン-イレブン）
◎販売時間／24時間対応　※但し、各店舗営業時間内に限る
・発売初日は午前10：00から、最終日は午後11：59まで
◎販売期間／指定席：試合日2日前まで　自由席：試合日前日まで
※前売初日（3月14日）のセ・パ交流戦は翌15日午前11：00からの発売です。
※「大商大シート」「エキサイト指定席」「ネット裏指定席（京セラ）」「外野レストラン席」「KOBEダイナー」「SKYダイナー」の取り扱いなし。
※セブン-イレブンは、店頭マルチコピー機の「ぴあ」ボタンからご購入ください。
（Pコード：指定席 591-060／自由席 591-061）

セブン-イレブン（マルチコピー機「セブンチケット」）　セブンチケット
◎販売時間／24時間対応（発売初日は午前10：00〜）※但し、各店舗営業時間内に限る。
◎販売期間／指定席：試合日2日前の午後11：29まで
自由席：試合開始まで販売 ※ただし、試合当日午前0：00より当日料金になります。
※「大商大シート」「エキサイト指定席」「ネット裏指定席（京セラ）」「外野レストラン席」「KOBEダイナー」「SKYダイナー」の取り扱いなし。
※セブン-イレブンは、店頭マルチコピー機の「セブンチケット」ボタンからご購入ください。
問い合わせ／TEL.0077-787-711（受付時間／午前8：00〜午後11：00　年中無休）

ローソンチケット「Lopp（i ロッピー）」（ローソン／ミニストップ）　LAWSON　ミニストップ　Loppi
◎販売時間／24時間対応（発売初日は午前10：00〜）
※但し、各店舗営業時間内に限る。
◎販売期間／指定席：試合日2日前の午後11：59まで
自由席：試合開始まで販売 ※試合当日午前0：00より当日料金になります。
※「大商大シート」「エキサイト指定席」「ネット裏指定席（京セラ）」「外野レストラン席」「プレモル・ファミリーゾーン」「KOBEダイナー」「SKYダイナー」の取り扱いなし。
問い合わせ／TEL.0570-000-777（受付時間／午前10：00〜午後6：00）

CNプレイガイド（ファミリーマート）　CNプレイガイド　あなたと、コンビに、FamilyMart
◎販売時間／午前6：00〜午前1：30（発売初日は午前10：00〜）
※但し、各店舗営業時間内に限る。
◎販売期間／指定席：試合日2日前の午後10：00まで
自由席：試合開始まで販売 ※ただし、試合当日午前0：00からは当日料金となります。
※「大商大シート」「エキサイト指定席」「特別中央指定席（セ・パ交流戦は販売あり）」「ネット裏指定席（京セラ）」「外野レストラン席」「フィールド指定席」「2階バルコニー指定席」「プレモル・ファミリーゾーン」「KOBEダイナー」「SKYダイナー」の取り扱いなし。
問い合わせ／TEL.0570-08-9999（受付時間／午前10：00〜午後6：00）

球場で

京セラドーム大阪　北口券売所
★試合時間／
★試合の無い日／午前11：00〜午後5：00 ※月曜定休、オリックス主催試合開催日は営業
★オリックス主催公式戦開催日／午前11：00（公式戦デーゲーム時 午前10：00）〜8回裏終了まで
※8回以降は売場②で試合終了30分後まで販売（ナイター開催時は最長午後10：00まで）
※8回初日の販売はありません。翌開業日からの販売となります。
◎販売期間／試合日前日まで
※前売初日（3月14日）のセ・パ交流戦の発売はありません。翌15日午前11：00からの発売です。
※「エキサイト指定席」「外野レストラン席」「KOBEダイナー」「SKYダイナー」の前売券の発売はありません。

京セラドーム大阪　チケット売場②
◎販売時間／オリックス主催公式戦開催日のみ
★デーゲーム時 午前10：00〜試合終了30分後まで
★ナイター時 午後2：00〜試合終了30分後まで（ナイター開催時は最長午後10：00まで）
※「エキサイト指定席」「外野レストラン席」「KOBEダイナー」「SKYダイナー」の前売券の発売はありません。

※大商大シートは、抽選販売終了後、残席に余裕がある試合のみ販売いたします。

ほっともっとフィールド神戸　内野スロープ下チケットブース
問い合わせ／TEL.0570-01-8862
◎販売時間／オリックス主催試合開催日のみ
券売開始〜試合終了30分後まで（ナイター開催時は最長午後10：00まで）
※「エキサイト指定席」「外野レストラン席」「KOBEダイナー」「SKYダイナー」の前売券の発売はありません。

お電話で

チケットぴあ電話予約　pia.jp/t　チケットぴあ
TEL.0570-02-9999（自動音声予約）
Pコード：（指定席 591-060／自由席 591-061）
特電 0570-02-9530
※セ・パ交流戦の販売初日（3月14日（土）午前10：00〜午後11：30）のみの専用特電です。
◎販売時間／24時間対応（発売初日は午前10：00〜）※メンテナンス時間は除く
◎販売期間／指定席も自由席も試合日4日前まで
◎チケット引換／ぴあ店頭、セブン-イレブン
※最終日の引取期限は午後11：30まで
※「大商大シート」「エキサイト指定席」「ネット裏指定席（京セラ）」「外野レストラン席」「KOBEダイナー」「SKYダイナー」の取り扱いなし。

車椅子の方へ　車椅子席受付方法

セ・パ交流戦（京セラドーム大阪）
・対ヤクルト戦 5月29日（金）〜31日（日）・対巨人戦 6月9日（火）〜11日（木）
・対広島戦 6月12日（金）〜14日（日）

■受付方法
対巨人・広島戦のみ4階コンコース分を電話にて先着順に受付いたします。3階エリアにつきましては、一旦4階コンコースでお申込みいただき、3階エリアをご希望いただいた方の中で抽選とさせていただきます。当選された方にのみ、3月末〜4月初旬に、観戦ブースの番号等を連絡させていただきます。対ヤクルト戦については全て先着順となります。

■受付期間
3月16日（月）〜試合前日まで ※（注）試合前日が土日祝の場合はご注意ください
※3階エリアの抽選は3月23日（月）までにお申込みいただいた方を対象とさせていただきます。
TEL.06-6586-0271（午前9：00〜午後5：00※平日のみ）

■申込制限
3階スタンドエリアは、お一人様2スペースまでのお申込とさせていただきます。4階コンコースエリアは、お1人様8スペースまでお申込みいただけます。
※同伴者も1スペースに数えます。
※ハイバックタイプの車椅子の方は4階コンコースのみの受付とさせていただきます。予めご了承ください。

■前売料金
一般 3,000円、BsCLUB会員 2,500円（大人・こども共通）
※当日券の場合は当日料金となります。セ・パ交流戦は、同伴者2人目から「B指定席」の料金が必要となります。

■チケット引渡し
チケットは試合当日、下記窓口にてお引渡しします。
◎京セラドーム大阪：4番ゲート横　車椅子予約受付

セ・パ交流戦以外
■受付期間
試合開催日の前月1日〜試合前日まで ※（注）発売初日・試合前日が土日祝の場合はご注意ください。
※3月は3月2日（月）から受付。
※7月1日（水）［京都］は5月1日（金）から受付

■申込方法
電話予約で先着順　TEL.06-6586-0271（午前9：00〜午後5：00※平日のみ）

■申込制限
京セラドーム大阪：お1人様4スペースまで ※制限数以上は4階コンコースでの観戦となります。
※同伴者も1スペースに数えます。
※ハイバックタイプの車椅子の方は4階コンコースのみの受付とさせていただきます。予めご了承ください。
ほっともっとフィールド神戸：1塁側に限り、1通話（お1人様）4スペースまで
※同伴者も1スペースに数えます。

■前売料金
内野自由席料金
※京セラドーム大阪の「ダイヤモンド」設定試合の1塁側のみ、同伴者2人目より「B指定席」の料金が必要です。
※ほっともっとフィールド神戸は全試合、同伴者2人目より「A指定席（後方）」の料金が必要です。

■チケット引渡し
チケットは試合当日、各球場の下記所定窓口にてお引渡しします。
◎京セラドーム大阪：4番ゲート横　車椅子予約受付
◎ほっともっとフィールド神戸：内野スロープ下チケットブース 球団関係者受付またはライト券売所

車椅子スペースでの観戦について
・京セラドーム大阪3階エリアには車椅子スペースの前に防球ネットが設置されています。
・車椅子のお方ひとりにつき、横に付添いただけるのはひとり様となります。お付添2人目からはお近くの内野自由席（お客様で座席を確保いただきます）、または指定席での観戦となります。またその場合、各席種料金が必要となります。予めご了承ください。

・試合当日、Bs CLUB会員の方はチケット受け取りの際に会員証を必ずご提示願います。ご提示がない場合、Bs CLUB会員料金での販売はできません。
・当団では外野エリアの車椅子スペースの予約は受付けておりません。

※2020年2月10日現在の内容です。

公式戦・前売販売開始日

毎月1日は前売券発売日！
※一部販売所除く

3月・4月開催試合 ⇒ 販売中	7月開催試合 ⇒ 6月1日（月）10：00〜
5月開催試合 ⇒ 4月1日（水）10：00〜	8月開催試合 ⇒ 7月1日（水）10：00〜
6月・7月1日開催試合 ⇒ 5月1日（金）10：00〜	9・10月開催試合 ⇒ 8月1日（土）10：00〜

セ・パ交流戦は3月14日（土）から発売開始。ただし、店頭販売は3月15日（日）からとなります。（ローソン・セブン-イレブン除く）

チケットに関するお問い合わせは　オリックス・バファローズ TEL.0570-01-8862

FARM
INFORMATION
B
20   20

ファームでは、一軍の舞台での活躍を目指す選手たちが、日々鍛錬を積んでいます。

選手との距離が近く、ファンサービスも充実しているファーム球場。

ぜひ、足を運んでいただき、努力を続ける選手たちを応援しましょう！

INTERVIEW

中嶋 聡 二軍監督

NAKAJIMA SATOSHI
ORIX BUFFALOES 2020

ヒントを与える重要性

"若さ"———。

このチームの最大の魅力だ。それは、チームの戦力の源であり、将来に向けた可能性の塊だと言っていい。

昨秋のドラフト会議では、13人の新人を指名したがそのうち8人は育成枠であり、支配下指名選手の5人のうち3人は高校生。バファローズが、近い将来に向けて、育成という方向に舵を切ったことは明らかである。

昨年は、ふたりの育成選手が新たに支配下登録を勝ち取り、一軍の戦力として加わった。今季も、その主戦場をファームから一軍へ変えようと、力を蓄え、技を磨く若者たちがその機会を虎視眈々と窺っている。

そんな現場を預かる育成部門の責任者こそが二軍監督であり、将来を見据えた球団のビジョンに則り、正しい方向に向かわせるその責務は軽くない。

選手とのコミュニケーションを密にとり、彼らを正しいゴールへと導こうとするコーチングのスタイルは、アメリカへのコーチ留学の経験を生かしたもの。中嶋聡二軍監督の話の中から、筋の通った育成理念が見えてくる！

取材・構成／大前一樹

選手が成長する過程の案内人

——二軍監督として2年目を迎えられました。中嶋二軍監督からご覧になって、選手たちの成長は感じられますか?

「今年の春季キャンプインの段階で見たときには、昨年やってきたことをうまく継続できていることが認められましたね。迷いながら練習している感じはなかった。その点では、選手個々は成長していると思います」

——迷う、とは?

「成長段階においては、ほぼ例外なく迷いというものが生じます。これは仕方のないこと。そんなときに、手を差し伸べ、迷いこんだ場所から正しい場所に戻してあげることが、僕ら指導者の仕事なんです」

——中嶋二軍監督とコーチ陣のコミュニケーションも大切ですね。

「もちろんです。基本、各部門でそれぞれのコーチに指導は任せてしますが、選手が今、何を考え、何をしようとしているのか、あるいは練習の成果はどうなのかなど、常に情報の共有は必要ですから」

——対話という点では、昨年も今年も選手との面談を実施されましたね。

「まずは、選手たちが目指す自らの"選手像"を聞きます。それぞれが目指すゴールのヒアリングをして、それならば、どうやってそこを目指すのかを、ともに考える作業ですね。彼らが思い描いたゴールまでの道筋を僕らが示していくわけです。いきなり大きな目標達成が無理となれば、まずは目先の小さな課題を設定し、それらの克服に向けて援助するということです。ただ、僕らが選手たちにゴールを押しつけることはありません。あくまでも僕らは、彼らが歩んでいく成長過程での案内役にすぎません」

——中嶋二軍監督がルーキーだった頃と、今はずいぶん違いますね。

「そりゃあ、もちろんです(笑)。あの頃は、ベテランの先輩方が多くいらして……。お手本がたくさん。怖いお手本がね(笑)。そんな先輩たちから学ぶことが多かったですね。ただ、今、バファローズというチームにはそういった立場の選手が少ない。だから、我々指導者がその役割も担うということなるんです」

大切なのは上昇志向を
持ち続けてもらうこと

——昨季のウエスタン・リーグでは、"勝ちにいく"姿勢が見られたように思うのですが……。

「はい。試合をする以上、勝利を目指すということは至極当然なことです。ただ、僕の立場から言えば、勝つための起用はしない。そのときに組んだメンバーで、勝ちにいくこと。そこは、間違ってはいけないところ。勝利のみを目指すのであれば、起用する選手もある程度固定されてしまう。ただ、それはファームという組織の性質上、あってはならないことです。一軍で通用する選手をつくり上げるためには、多くの選手にチャンスを与えてあげないといけないわけで。だから、その時々で組んだメンバーで勝ちにいくとは至極当然なことです。ただ、僕の立場から言えば、勝つための起用はしない。そのときに組んだメンバーで、勝ちにいくこと。そこは、間違ってはいけないところ。勝利のみを目指すのであれば、起用する選手もある程度固定されてしまう。ただ、それはファームという組織の性質上、あってはならないことです。一軍で通用する選手をつくり上げるためには、多くの選手にチャンスを与えてあげないといけないわけで。だから、その時々で組んだメンバーで勝ちにいく

采配はしているつもりですよ」

——昨季はファームから、ふたりの育成選手が支配下選手として一軍に招集されました。ファームの成果だと言えると思います。

「それは選手本人の頑張りがあってのものです。張(奕)にしても、神戸(文也)にしてもプロに入ってから、必ずしも順風満帆だったとはいえませんでした。そのなかからつかんだ今のポジションですから、それは彼らの努力の賜物ですよね」

──そういった成功事例は、ファームで頑張る選手たちにとって、励みにも刺激にもなりますね。

「それはあると思います。"自分たちも頑張れば"という思いは強まるでしょうから。ただ、このプロ野球の世界、支配下に登録されること、一軍に上がることは、最初のステップでしかないことに選手たちは気づかないといけない。本当の目標は、その先、その上にあるものですからね。だから、僕ら指導者は、そのことに気づかせてあげて、常に彼らに上昇志向、モチベーションを保ち続けてもらうように導かないといけないんです」

──中嶋二軍監督の育成理念が見えてきますね。

「そうですか（笑）。ただ、確かなことは、成長の途上にある選手は、漠然と練習に取り組んでいてもダメだということ。選手自身も考えないと。ただ、考えても答えが見つからないとき、道に迷い込んだときに、僕らが彼らにヒントを与えてあげることが僕らの仕事。冒頭でもお話した通りです。断じて、無理強いや押し付けはしてはいけない」

──選手はタイプもさまざまで、ポジションによっても解決策は違ってきますよね。

「はい。僕らもさまざまな方法論を用意しておく必要があります。僕らの経験から伝えられることもあれば、最新の科学的ツールを用いてのアプローチだってあるわけです。僕ら指導者としては、いかに多くの引き出しを持つかも重要になってきます」

つらいときこそ明るく取り組む

──さて、今季は育成選手を含めて13人の新人がバファローズ に加わりました。多くが、高校卒業と同時にプロの門をたたいた素材型の選手です。ファーム組織の腕の見せ所ですね。

「まぁ、そうですね（笑）。ファームで預かる人数は増えます。限られた場所、限られた試合数のなかで、誰を起用するのか。もちろん、全員を試合に出してあげたいという気持ちはあるのですが、実際そういうわけにもいかない。その点は、確かに難しいですよ」

──ファームでも競争が激しくなるわけですね。

「そういうことです。まず、選手たちはチャンスを自分に手繰り寄せる努力をする。そして、巡ってきたチャンスをいかにものにするか。チャンスが何回も回ってくるとも限らないわけですから、厳しい世界ですよ」

──一軍への戦力供給源として、ファームの存在意義はますます大きくなりますね。

「そこが僕らの仕事ですからね。とにかく、一軍に選手を送り込むことが、ファームの最大のミッションです。育てながら勝つという、一見、相反することを同時に進行させなければいけない。それができてこそ、チームの土台としてのファームの存在価値があるわけです。難しい作業ではありますが、指導者としての楽しみや喜びもありますよ」

──今季のバファローズのファーム。ここを見てほしいというところがあれば教えていただけますか?

「そうですね。つらいことに対して、つらそうな顔をして取り組んでもダメだと思っています。"つらいときこそ明るくやろう"、これですね。厳しいことに対して、楽しく取り組むことが大切です。真剣に明るく上を目指して行こうということ。選手たちが、勝ちにいくその姿、チャンスをつかみ取ろうとする選手たちの表情を見てほしいですね」

つらいときこそ、
明るくやろう!

FARM INFORMATION
20 B 20
GAME SCHEDULE
ファーム日程

■ Bs主催ゲーム　オセアンBS ▶ オセアンバファローズスタジアム舞洲
　　　　　　　　シティS ▶ 大阪シティ信用金庫スタジアム
　　　　　　　　京セラD ▶ 京セラドーム大阪

■ 地方主催ゲーム　佐藤スタ ▶ 佐藤薬品スタジアム
　　　　　　　　東大阪 ▶ 花園セントラルスタジアム
　　　　　　　　紀三井寺 ▶ 紀三井寺公園野球場
　　　　　　　　豊中ローズ ▶ 豊島公園野球場
　　　　　　　　富田林BS ▶ 富田林バファローズスタジアム
　　　　　　　　高槻萩谷 ▶ 萩谷総合公園野球場
　　　　　　　　堺 ▶ 原池公園野球場

□ ビジターゲーム

【球団からのお知らせ】
掲載の公式戦日程は、2月末時点での情報です。
新型コロナウイルスの感染拡大を受け開幕が延期となり、
今後の日程は大幅に変更となる場合がございますので、予めご了承ください。
今後の日程・開催球場・試合時間・イベント等については、
球団ホームページにてご確認ください。

3月 MARCH

月	火	水	木	金	土	日
9	10	11	12	13 Ⓟ Ⓦ Ⓢ	14 Ⓟ Ⓦ ♣♥ⒶⒶ	15 Ⓟ Ⓦ Ⓢ✤✤◎
					vs.広島 オセアンBS 13:00	13:00 13:00
16	17 Ⓦ Ⓢ	18 Ⓦ ♣	19 Ⓦ Ⓐ	20	21	22
		vs.阪神 オセアンBS 13:00	13:00	13:00		
23	24	25	26	27 Ⓦ Ⓢ	28 Ⓟ Ⓦ ♣♥😊	29
	vs.中日 ナゴヤ 12:30	12:30		vs.福岡ソフトバンク オセアンBS 13:00	13:00 堺	13:00
30	31 vs.広島 由宇 12:30					

4月 APRIL

月	火	水	木	金	土	日
		1	2	3	4	5
		vs.広島 由宇 12:30	12:30			
6	7	8 Ⓦ Ⓢ	9	10 Ⓦ Ⓢ	11	12 Ⓟ Ⓦ Ⓢ♥Ⓐ
		vs.阪神 鳴尾浜 12:30	12:30	vs.中日 オセアンBS 13:00	佐藤スタ	オセアンBS 13:00
13	14	15	16	17	18	19
		vs.福岡ソフトバンク タマスタ筑後 13:00	13:00			
20	21	22	23	24 Ⓦ Ⓢ	25 Ⓟ Ⓦ ♣♥😊	26 Ⓦ Ⓢ✤✤
		vs.広島 由宇 12:30	12:30	vs.中日 オセアンBS 13:00	13:00	13:00
27	28	29 vs.阪神 鳴尾浜 12:30	30 12:30			

5月 MAY

月	火	水	木	金	土	日
				1 ♣♥🍙	2 Ⓦ ♣ ♥✤	3 Ⓦ Ⓢ ✤🍙
				vs.広島 シティS 13:00	オセアンBS 13:00	13:00
4	5	6	7	8	9	10
	vs.福岡ソフトバンク タマスタ筑後 13:00	13:00			vs.横浜 横須賀 13:00	13:00
11	12	13	14	15 Ⓦ Ⓢ	16	17
		vs.中日 ナゴヤ 12:30	12:30	vs.阪神 オセアンBS 13:00	東大阪 13:00	13:00
18	19 Ⓦ Ⓢ	20 Ⓦ ♣	21 Ⓦ Ⓐ	22	23	24
	vs.福岡ソフトバンク オセアンBS 13:00	13:00	13:00			
25	26	27	28	29	30	31
	vs.広島 由宇 12:30	12:30	12:30	vs.中日 ナゴヤ 12:30	12:30	蒲郡 13:00

6月 JUNE

月	火	水	木	金	土	日
1	2 Ⓦ Ⓢ	3 Ⓦ ♣	4 Ⓦ Ⓐ	5 Ⓦ Ⓢ	6	7 Ⓟ Ⓦ Ⓢ♥✤😊
	vs.阪神 オセアンBS 13:00	13:00	13:00	vs.広島 オセアンBS 13:00	紀三井寺 13:00	オセアンBS 13:00
8	9	10	11	12	13	14
	vs.福岡ソフトバンク タマスタ筑後 18:00	18:00	18:00		vs.巨人 ジャイアンツ 13:00	13:00
15	16	17	18	19 Ⓦ Ⓢ	20	21
	vs.阪神 鳴尾浜 12:30	12:30		vs.福岡ソフトバンク オセアンBS 13:00	豊中ローズ 13:00	13:00
22	23 Ⓦ Ⓢ	24 Ⓦ ♣	25 Ⓦ Ⓐ	26	27	28
	vs.中日 オセアンBS 13:00	13:00	13:00	vs.広島 由宇 12:30	12:30	12:30
29	30 ♣♥ vs.巨人 シティS 13:00					

7月 JULY

月	火	水	木	金	土	日
		1 ♣♥	2	3 Ⓦ Ⓢ	4	5
		vs.巨人 シティS 13:00		vs.中日 オセアンBS 13:00	高槻萩谷 13:00	13:00
6	7 Ⓦ Ⓢ	8 Ⓦ ♣	9	10	11	12
		vs.阪神 オセアンBS 13:00	京セラD 10:30	vs.福岡ソフトバンク タマスタ筑後 18:00	17:00	13:00
13	14	15	16	17	18	19
フレッシュ オールスター 松山	フレッシュ オールスター （予備日）					オールス 第1戦 PayPa
20	21 Ⓦ Ⓢ	22 Ⓦ ♣	23 Ⓦ Ⓐ	24 Ⓦ Ⓢ◎	25	26
オールスター 第2戦 ナゴヤD	vs.広島 オセアンBS 13:00	13:00	13:00	vs.福岡ソフトバンク オセアンBS 13:00	富田林BS 13:00	13:00
27	28	29 vs.中日 ナゴヤ 14:00	30 14:00	31 vs.阪神 鳴尾浜 13:00		

120

8月 AUGUST

月	火	水	木	金	土	日
					1	2
					vs.阪神 鳴尾浜 12:30	姫路 12:30
3	4 Ⓦ Ⓢ	5 Ⓦ ♣	6 Ⓦ Ⓐ	7	8 Ⓦ ♣ ♥	9 Ⓟ Ⓦ Ⓢ ◆ ❋ ◯
	vs.中日 オセアンBS				vs.北海道日本ハム オセアンBS	
	13:00	13:00	13:00		13:00	13:00
10 ♣ ❋	11 ♣ ♥	12 ♣ ♥	13	14	15	16
	vs.阪神 シティS			vs.中日 ナゴヤ		
	16:00	16:00	16:00	14:00	14:00	12:30
17	18	19	20	21 Ⓦ Ⓢ	22	23 Ⓟ Ⓦ Ⓢ ◆ ◯
	vs.広島 由宇			vs.福岡ソフトバンク ❋	佐藤スタ	オセアンBS
	12:30	12:30	12:30	オセアンBS 13:00	13:00	13:00
24	25 Ⓦ Ⓢ	26 Ⓦ ♣	27 Ⓦ Ⓐ	28	29	30
31	vs.中日 オセアンBS			vs.阪神 鳴尾浜		
	13:00	13:00	13:00	13:30	13:30	12:30

9月 SEPTEMBER

月	火	水	木	金	土	日
	1	2	3	4	5	6
	vs.福岡ソフトバンク タマスタ筑後					
	18:00	17:00	13:00			
7	8 Ⓦ Ⓢ	9 Ⓦ ♣	10 Ⓦ Ⓐ	11 Ⓦ Ⓢ	12	13 ♣
	vs.阪神 オセアンBS			vs.広島 堺	シティS	
	13:00	13:00	13:00	13:00	13:00	
14	15	16	17	18	19	20
	vs.中日 ナゴヤ		vs.福岡ソフトバンク タマスタ筑後			
	13:30	13:30	12:30	18:00	13:00	13:00
21	22	23	24	25	26	27
28	29	30				

※日程・イベント等は、変更となる場合があります。予めご了承ください。
※中止の場合再試合は行いません。

参加したくなるような舞洲イベントが盛りだくさん!!
参加方法は当日、入り口のイベントボードを確認してね!

①練習見学会 全試合※シティS・京セラDは除く
スタンドから試合前の練習を見学いただけます。10:30〜11:15（予定）

②選手開門ウエルカム 全試合※シティS・京セラDは除く
開門時にバファローズ選手がハイタッチでお迎え！

③ファンサービスゾーン開放 オセアンBS全試合
一塁側のファンサービスゾーンを開放！12:10〜12:45（予定）

④選手への激励メッセージ 全試合
頑張る選手たちに熱いメッセージを送ろう！

⑤お楽しみ抽選会 全試合※平日はW抽選会！京セラDは除く
5回裏終了後に実施。平日はさらに試合終了後にも抽選実施！

⑥5回裏Bsダンスタイム！ 休日
ノリよく踊ってくれたあなたに素敵なプレゼント！

⑦ヒーローインタビュー 休日のBs勝利時
勝利のヒーローが感謝の言葉を届けます！

みなさまのご来場をお待ちしております！

Ⓟ **来場プレゼントデー** 来場者全員
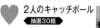

来場者全員にプレゼント!!
3/13〜15に来場者全員に2020年度バファローズキャッチフレーズステッカーをプレゼント！

Ⓢ **【休日】選手サイン会** 抽選40名
試合後に全来場者を対象に抽選でBs選手のサイン会を実施
※サインを書いてもらいたいものを持参してね

Ⓢ **【平日火・金】選手サイン会** 対象者抽選40名
試合後に対象希望者の中から抽選でBs選手のサイン会を実施
火→女性限定（3/17・6/2・7/7）男性限定（5/19・6/23・9/8）小・中学生限定（7/21・8/4・8/25）
金→2020年度BsCLUB会員・モバイルサイト有料会員対象
※サイン色紙はプレゼント

♣ **選手トークショー** 希望者全員
試合前のファンサービスゾーンなどでBs選手のトークショーを開催！希望者は全員ご覧いただけます！

◯ **こども始球式** 抽選1名
憧れの始球式を体験！

◆ **誰でもベースランニング** 抽選30名
スライディングはアウト！

◑ **先発コール** 抽選20名
両チームの先発メンバーをグラウンドでコール！

♥ **2人のキャッチボール** 抽選30組

外野グラウンドでキャッチボール！
※グラブとボール（硬球不可）を持参してね

❀ **スタメン花道** 抽選20名
Bsスタメン選手をベンチ前からハイタッチで送り出すイベントです！
※バファローズのユニフォームを着用してね！

Ⓐ **スタジアムアナウンス体験** 対象者抽選2名
スタジアムアナウンスを体験しよう！
3/14・19木　7/23木祝
4/12日　8/6木・27木
5/21木　9/10木
6/4木・7日・25木

Ⓟ **プレゼントデー！**
3/28・4/12日・25日・6/7日、8/9日・23日

ステーキハウスgenpeiデー 4/26日

ホテル・ロッジ舞洲デー 5/2土

ビ・アスリートデー 6/7日
抽選でスポーツグッズをプレゼント！

須磨ライズデー 8/8土

上方温泉一休デー 8/10月
入浴招待券など抽選で素敵な賞品をプレゼント

Bsファーム感謝まつり！ 9/13日
応援に感謝！イベント盛りだくさんの1日です！

※各イベントの詳細は、球団公式HP・球団公式モバイルサイトにてご確認ください（掲載時期はイベントにより異なります）。
※各イベントの名称、開催日、内容等は変更または中止となる場合がございます。予めご了承ください。

HOME STADIUM
ホームスタジアム

●全席自由席
●来場者が多数の場合は、入場の制限を行う場合があります
●オセアンバファローズスタジアム舞洲のみ前売りは、土・日・祝日の試合を限定として、web等で行います。球団HPでご確認下さい。
●BsCLUB会員、モバイルサイト有料会員の割引、招待はありません。
●地方球場の入場料金については、決定次第各球団HPにてご案内します。

オセアンバファローズスタジアム舞洲
大阪府大阪市此花区北港緑地2-2-65

電車・バスを利用される方
▶JR環状線「西九条駅」下車、舞洲スポーツアイランド行（大阪シティバス81系統）で約35分
▶JRゆめ咲線「桜島駅」下車、舞洲アクティブバス（北港観光バス2系統）で約15分
▶大阪メトロ「コスモスクエア駅」下車、コスモドリームライン（北港観光バス3系統）で約20分

大阪シティ信用金庫スタジアム
大阪府大阪市此花区北港緑地2-3-142

車を利用される方
▶阪神高速5号湾岸線舞洲IC出て直進、此花大橋をわたる。
▶国道43号線・梅香交差点を西へ直進、此花大橋をわたる。
▶南港（咲洲）方面からは夢咲トンネルを通過し、夢舞大橋をわたる。

入場料金	球場	券種	当日・前売
	オセアンバファローズスタジアム舞洲	大人（高校生以上）休日	1,200円（税込）
		大人（高校生以上）平日	1,000円（税込）
		こども（小・中学生）	500円（税込）
	大阪シティ信用金庫スタジアム 京セラドーム大阪	大人（高校生以上）	1,200円（税込）
		こども（小・中学生）	500円（税込）

ファームが街にやって来る!

多くの方々に、オリックス・バファローズを「自分たちのチームだ!」と実感して
いただくため、下記球場でもファーム公式戦を開催します。
選手たちの熱戦を球場でご覧ください。みなさまのご来場、お待ちしています。

【球団からのお知らせ】
掲載の公式戦日程は、2月末時点での情報です。新型コロナウイルスの感染拡大を受け開幕が延期となり、
今後の日程は大幅に変更となる場合がございますので、予めご了承ください。
今後の日程・開催球場・試合時間・イベント等については、球団ホームページにてご確認ください。

FARM INFORMATION B 2020

高槻市

高槻萩谷バファローズ球場※
7月4日(土)・5日(日)
13:00 vs.

豊中市

豊中ローズバファローズ球場※
6月20日(土)・21日(日)
13:00 vs. SoftBank HAWKS

東大阪市

花園セントラル
バファローズスタジアム※
5月16日(土)・17日(日)
13:00 vs. 阪神 Tigers

堺市

原池公園野球場
3月29日(日)
13:00 vs. SoftBank HAWKS

9月12日(土)
13:00 vs.

大阪府

奈良県

和歌山県

奈良県

佐藤薬品バファローズスタジアム※
4月11日(土)
13:00 vs.

8月22日(土)
13:00 vs. SoftBank HAWKS

和歌山県

紀三井寺公園野球場
6月6日(土)
13:00 vs.

富田林市

富田林バファローズスタジアム
7月25日(土)・26日(日)
13:00 vs. SoftBank HAWKS

122 ※試合日だけのスタジアムニックネームです。

やすらぎの空間
上質なおもてなし。

洗練された上質感をもちながら
やすらぎの満ちた客室で快適なひとときを
お過ごしいただけます。
スパ施設もそろえたリラクゼーションホテル
行き届いたサービスと笑顔で、
皆様をお迎えいたします。

IWAKUNI
CITY VIEW HOTEL
岩国シティビューホテル

〒740-0018山口県岩国市麻里布3-1-12 TEL0827-22-1341
E-mail:info@cityviewhotel.jp ［URL］http://www.cityviewhotel.jp
JR岩国駅表口（西口）より徒歩3分

■パシフィック・リーグ公式戦勝敗表

チーム	試合	勝利	敗北	引分	勝率	差	ホーム	ロード	対埼玉西武	対福岡ソフトバンク	対東北楽天	対千葉ロッテ	対北海道日本ハム	対オリックス	対交流戦
埼玉西武	143	80	62	1	.563	—	43勝29敗	37勝33敗1分		12勝13敗	11勝14敗	16勝8敗1分	14勝11敗	17勝8敗	10勝8敗
福岡ソフトバンク	143	76	62	5	.551	2.0	42勝27敗3分	34勝35敗2分	13勝12敗		13勝12敗	8勝17敗	15勝9敗1分	16勝7敗2分	11勝5敗2分
東北楽天	143	71	68	4	.511	7.5	36勝33敗2分	35勝35敗2分	14勝11敗	12勝13敗		10勝13敗2分	13勝11敗1分	12勝12敗1分	10勝8敗
千葉ロッテ	143	69	70	4	.496	9.5	37勝32敗2分	32勝38敗2分	8勝16敗1分	17勝8敗	13勝10敗2分		14勝11敗	9勝15敗1分	8勝10敗
北海道日本ハム	143	65	73	4	.471	13.0	35勝34敗3分	30勝39敗2分	11勝14敗	9勝15敗1分	11勝13敗1分	11勝14敗		15勝8敗2分	10勝9敗1分
オリックス	143	61	75	7	.449	16.0	32勝34敗5分	29勝41敗2分	8勝17敗	7勝16敗2分	12勝12敗1分	15勝9敗1分	8勝15敗2分		11勝6敗1分

■個人投手成績　※一規定投球回＝143回以上

選手	試合	完投	完封	勝利	敗戦	引分	セーブ	勝率	投球回数	安打	本塁打	四球	故意四球	死球	三振	暴投	ボーク	失点	自責点	防御率
山本 由伸	20	1	1	8	6	0	0	.571	143	101	8	36	0	3	127	3	1	37	31	1.95
山岡 泰輔	26	0	0	13	4	0	0	.765	170	154	16	45	1	4	154	0	1	77	70	3.71
左澤 優	4	0	0	0	0	0	0	.000	3	1	0	3	0	0	3	0	0	0	0	0.00
富山 凌雅	1	0	0	0	0	0	0	.000	2	0	0	0	0	0	2	0	0	0	0	0.00
岸田 護	1	0	0	0	0	0	0	.000	1/3	0	0	0	0	0	0	0	0	0	0	0.00
海田 智行	55	0	0	1	2	1	0	.333	49	41	1	11	1	2	33	1	0	15	10	1.84
榊原 翼	13	1	0	3	4	0	0	.429	79 1/3	64	5	37	0	5	59	6	0	29	24	2.72
ディクソン	37	0	0	2	1	0	18	.667	35 2/3	29	1	18	3	0	38	2	0	12	12	3.03
近藤 大亮	52	0	0	4	6	1	1	.400	49 2/3	39	4	22	3	1	61	3	0	19	19	3.44
田嶋 大樹	10	0	0	3	4	0	0	.429	49 2/3	48	4	20	0	1	40	1	1	26	19	3.44
山田 修義	40	0	0	0	0	0	0	.000	43	31	6	18	1	0	44	1	0	17	17	3.56
神戸 文也	19	0	0	0	0	0	0	.000	21	17	4	5	0	2	19	0	0	10	9	3.86
エップラー	24	0	0	4	4	0	0	.500	31 1/3	41	2	9	1	0	25	2	0	16	14	4.02
吉田 一将	33	0	0	1	1	1	0	.500	37 2/3	33	3	14	1	1	28	1	1	17	17	4.06
K・鈴木	19	0	0	4	6	0	0	.400	102 1/3	100	15	49	0	3	88	4	0	56	49	4.31
竹安 大知	10	1	1	3	2	0	0	.600	54	63	5	17	0	5	37	1	0	28	27	4.50
山﨑 福也	36	0	0	2	3	2	0	.400	54	49	6	28	3	3	37	2	0	27	27	4.50
鈴木 優	1	0	0	0	0	0	0	.000	2	1	0	3	0	0	1	0	0	1	1	4.50
比嘉 幹貴	45	0	0	3	2	1	0	.600	33 1/3	32	5	11	2	2	29	0	0	19	17	4.59
増井 浩俊	53	0	0	1	1	0	18	.500	50 1/3	51	5	24	3	1	64	1	0	29	27	4.83
澤田 圭佑	28	0	0	2	2	0	0	.500	26	28	3	15	4	0	19	0	0	14	14	4.85
金田 和之	6	0	0	1	0	0	0	1.000	7 1/3	12	0	3	0	0	4	1	0	4	4	4.91
松葉 貴大	5	0	0	0	0	0	0	.000	22 2/3	26	3	9	1	1	13	0	0	14	14	5.56
荒西 祐大	13	0	0	1	4	0	0	.200	51 2/3	55	6	18	0	2	42	1	1	32	32	5.57
小林 慶祐	20	0	0	0	2	0	0	.000	17 1/3	23	4	5	1	0	17	3	0	15	11	5.71
アルバース	13	0	0	2	6	0	0	.250	63 1/3	84	12	10	0	2	45	1	0	44	41	5.83
張 奕	8	0	0	2	4	0	0	.333	27 1/3	36	7	9	0	0	17	1	0	20	18	5.93
東明 大貴	7	0	0	1	1	0	0	.500	19	26	5	16	0	1	9	0	0	15	15	7.11
成瀬 善久	6	0	0	0	1	0	0	.000	19 2/3	24	3	8	0	0	16	0	0	16	16	7.32
吉田 凌	4	0	0	0	0	0	0	.000	4 1/3	7	2	3	0	0	2	0	0	4	4	8.31
齋藤 綱記	11	0	0	0	0	0	0	.000	7	14	4	9	0	0	8	0	0	10	8	10.29
岩本 輝	9	0	0	0	1	0	0	.000	7 1/3	9	2	11	3	0	5	2	0	12	12	14.73
チーム計	143	5	8	61	75	4	38	.449	1283 2/3	1233	137	486	28	43	1092	39	1	637	578	4.05

■ウエスタン・リーグ公式戦勝敗表

チーム	試合	勝利	敗北	引分	勝率	差	ホーム	ロード	対福岡ソフトバンク	対オリックス	対阪神	対中日	対広島
福岡ソフトバンク	117	62	46	9	.574	—	34勝21敗4分	28勝25敗5分		8勝14敗2分	14勝15敗2分	19勝5敗2分	21勝11敗2分
オリックス	117	55	53	9	.509	7.0	30勝23敗4分	25勝30敗5分	14勝8敗2分		13勝14敗2分	14勝13敗3分	10勝16敗5分
阪神	120	57	58	5	.496	8.5	33勝25敗1分	24勝33敗4分	15勝14敗2分	14勝13敗2分		11勝15敗1分	13勝14敗
中日	119	51	58	10	.468	11.5	28勝23敗5分	23勝35敗5分	5勝19敗2分	13勝14敗3分	15勝11敗1分		18勝13敗3分
広島	121	53	62	6	.461	12.5	33勝26敗3分	20勝36敗3分	11勝21敗2分	16勝10敗1分	13勝13敗	13勝18敗3分	

■個人投手成績　※一規定投球回＝93 2/3回以上

選手	試合	完投	完封	勝利	敗戦	引分	セーブ	勝率	投球回数	安打	本塁打	四球	故意四球	死球	三振	暴投	ボーク	失点	自責点	防御率
東 晃平	19	1	0	5	7	0	0	.417	96	105	9	29	0	1	77	6	0	47	41	3.84
金田 和之	18	0	0	1	0	0	2	1.000	15 2/3	8	0	6	0	0	17	0	0	1	0	0.00
澤田 圭佑	10	0	0	1	0	0	0	1.000	10	6	0	1	0	1	7	0	0	0	0	0.00
黒木 優太	7	0	0	1	0	0	0	1.000	6	4	0	2	0	0	9	0	0	0	0	0.00
比嘉 幹貴	4	0	0	0	0	0	0	.000	2 2/3	2	0	0	0	0	5	0	0	0	0	0.00
増井 浩俊	2	0	0	0	0	0	0	.000	2	1	0	0	0	0	5	0	0	0	0	0.00
榊原 翼	2	0	0	1	0	0	0	1.000	7 1/3	4	0	2	0	0	7	0	0	0	0	0.00
山田 修義	19	0	0	1	0	0	0	.000	14 1/3	9	0	4	0	0	21	0	0	1	1	0.63
K・鈴木	5	1	1	1	1	0	0	.500	35	22	0	12	0	0	29	0	0	5	3	0.77
山﨑 福也	3	0	0	0	0	0	0	.000	11	5	0	3	0	0	13	0	0	1	1	0.82
岸田 護	9	0	0	0	0	0	0	.000	8 1/3	7	0	1	0	0	8	1	0	1	1	1.08
齋藤 綱記	33	0	0	3	1	1	0	.750	24 2/3	11	0	12	0	2	23	1	0	4	3	1.09
山岡 泰輔	1	0	0	1	0	0	0	1.000	8	7	1	0	0	0	10	0	0	1	1	1.13
海田 智行	9	0	0	0	0	0	0	.000	7	4	0	0	0	0	4	0	0	1	1	1.29
吉田 凌	29	0	0	3	0	0	1	1.000	26	19	1	8	0	0	37	1	0	4	4	1.38
東明 大貴	20	0	0	0	1	0	0	.000	30	30	1	4	0	0	19	0	0	8	5	1.50
アルバース	3	0	0	0	0	0	0	.000	20	12	0	6	0	0	10	0	0	4	4	1.80
竹安 大知	10	0	0	2	1	0	0	.667	36	33	1	4	0	0	24	2	0	11	8	2.00
近藤 大亮	4	0	0	0	0	0	0	.000	4	2	0	0	0	0	3	1	0	1	1	2.25
本田 仁海	17	0	0	1	2	0	2	.333	57	59	1	9	0	0	35	1	0	19	15	2.37
張 奕	19	0	0	2	3	0	1	.400	41 1/3	30	1	16	0	1	33	0	0	15	11	2.40
荒西 祐大	19	0	0	3	4	0	1	.429	45	41	2	14	0	0	40	0	0	14	13	2.60
松葉 貴大	8	0	0	3	1	0	0	.750	47 2/3	41	3	11	0	0	29	4	0	17	14	2.64
鈴木 優	22	0	0	6	3	0	0	.667	86 1/3	70	5	27	0	4	79	3	0	34	27	2.81
吉田 一将	18	0	0	3	2	0	0	.600	33 1/3	39	1	5	0	0	24	7	0	16	11	2.97
富山 凌雅	21	0	0	0	0	0	1	.667	24	15	1	8	0	0	25	2	1	11	8	3.00
ディクソン	2	0	0	0	0	0	0	.000	6	3	0	2	0	0	7	0	0	2	2	3.00
山本 由伸	1	0	0	0	1	0	0	.000	6	6	0	0	0	0	3	0	0	3	2	3.00
田嶋 大樹	7	0	0	1	3	0	0	.250	25	21	3	7	0	0	25	3	0	11	9	3.24
神戸 文也	19	0	0	1	1	0	0	.500	24	24	1	2	0	0	19	1	0	9	9	3.38
漆原 大晟	39	0	0	1	2	0	23	1.000	30 2/3	31	1	13	0	0	38	1	0	15	12	3.52
山﨑 颯一郎	6	0	0	0	0	0	0	.500	35 2/3	32	3	15	0	0	21	0	0	16	15	3.79
成瀬 善久	11	0	0	1	1	0	0	.500	26	29	2	5	0	0	23	0	0	16	11	3.81
岩本 輝	23	0	0	1	1	0	0	.500	31	25	1	18	0	0	25	4	0	14	14	4.06
小林 慶祐	17	0	0	2	2	0	0	.500	35	38	3	9	0	0	27	1	0	16	16	4.11
左澤 優	21	0	0	0	0	0	0	.000	23	30	2	7	0	0	17	0	0	14	13	5.09
エップラー	17	0	0	2	6	0	0	.250	47	62	4	11	0	0	37	2	0	31	28	5.36
青山 大紀	22	0	0	1	2	0	0	.333	35 2/3	45	5	12	1	0	30	1	0	27	22	5.55
塚原 頌平	2	0	0	0	0	0	0	.000	0	0	0	2	0	0	1	0	0	3	3	-
チーム計	117	2	14	55	53	9	33	.509	1028 1/3	930	48	282	2	19	851	45	2	389	331	2.90

■セ・パ交流戦勝敗表

チーム	試合	勝利	敗北	引分	勝率	ホーム	ロード	対巨人	対横浜DeNA	対阪神	対広島	対中日	対東京ヤクルト
福岡ソフトバンク	18	11	5	2	.688	5勝2敗2分	6勝3敗	2勝1敗	1勝1敗1分	1勝1敗1分	2勝1敗	3勝0敗	2勝1敗
オリックス	18	11	6	1	.647	5勝3敗1分	6勝3敗		2勝1敗	2勝0敗1分	3勝0敗	1勝2敗	2勝2敗
埼玉西武	18	10	8	0	.556	5勝4敗	5勝4敗	1勝2敗	1勝2敗	1勝2敗	2勝1敗	3勝0敗	2勝1敗
東北楽天	18	10	8	0	.556	4勝5敗	6勝3敗	2勝1敗	1勝2敗	3勝0敗	1勝2敗		2勝1敗
北海道日本ハム	18	8	9	1	.471	5勝3敗1分	3勝6敗	2勝1敗	2勝1敗	1勝2敗	2勝0敗1分	0勝3敗	1勝2敗
千葉ロッテ	18	8	10	0	.444	3勝6敗	5勝4敗	2勝1敗	2勝1敗	1勝2敗	1勝2敗	1勝2敗	2勝1敗

■個人打撃成績表 ※一規定打席=443打席以上

選手	試合	打席	打数	得点	安打	二塁打	三塁打	本塁打	打点	盗塁	犠打	犠飛	四球	故意四球	死球	三振	併殺	打率	長打率	出塁率
吉田 正尚	143	610	521	92	168	24	2	29	85	5	0	5	79	12	5	64	12	.322	.543	.413
福田 周平	135	583	492	65	123	13	5	2	38	30	19	2	62	0	8	57	7	.250	.309	.342
松井 佑介	7	18	18	2	6	1	0	1	1	0	0	0	0	0	0	3	1	.333	.556	.333
ロメロ	81	331	295	47	90	15	0	18	63	3	0	6	25	2	5	83	3	.305	.539	.363
中川 圭太	111	396	364	39	105	21	2	3	32	9	4	2	25	1	1	62	6	.288	.382	.334
安達 了一	56	179	155	18	43	6	1	2	20	10	4	1	18	0	1	29	5	.277	.368	.354
宗 佑磨	54	177	148	16	40	6	1	2	14	7	4	1	13	0	11	30	4	.270	.365	.370
西村 凌	19	53	49	3	13	3	0	2	4	2	2	0	2	0	0	10	1	.265	.449	.294
大城 滉二	91	345	302	36	79	18	2	3	28	11	11	1	26	0	6	56	4	.262	.364	.329
モヤ	64	255	242	24	59	7	0	10	35	0	0	1	10	0	2	59	7	.244	.397	.278
西野 真弘	56	188	166	21	40	5	1	1	14	1	3	1	16	0	2	24	1	.241	.301	.314
宜保 翔	8	28	26	0	6	1	0	0	0	0	0	0	2	0	0	7	0	.231	.269	.286
鈴木 昂平	58	53	44	3	10	1	0	0	0	0	2	0	4	0	3	12	2	.227	.250	.333
後藤 駿太	91	194	165	17	37	7	3	1	22	4	6	1	19	0	3	47	1	.224	.321	.314
小島 脩平	103	266	246	23	54	9	1	4	18	7	3	1	16	0	0	49	2	.220	.305	.266
マレーロ	43	133	123	8	26	7	0	2	14	0	0	2	7	0	1	35	5	.211	.317	.256
佐野 皓大	68	130	121	22	25	5	1	1	9	12	3	0	5	0	1	43	2	.207	.289	.244
小田 裕也	82	203	180	21	37	5	2	3	21	9	9	2	12	0	0	47	0	.206	.306	.275
メネセス	29	118	102	7	21	4	0	4	14	0	0	3	13	0	0	28	3	.206	.363	.288
白崎 浩之	25	54	49	6	10	0	0	2	5	0	0	0	5	0	0	14	1	.204	.327	.278
頓宮 裕真	28	93	91	5	18	5	0	3	10	0	0	1	1	0	0	22	3	.198	.352	.204
西浦 颯大	77	239	220	24	43	8	1	1	18	8	5	1	13	0	0	56	1	.195	.255	.239
松井 雅人	24	42	36	5	7	0	0	0	3	0	3	0	3	0	0	7	0	.194	.194	.256
髙城 俊人	5	12	11	1	2	0	0	0	0	0	0	0	1	0	0	4	0	.182	.182	.250
若月 健矢	138	348	298	21	53	9	0	1	21	2	25	0	21	1	4	73	4	.178	.218	.241
伏見 寅威	39	72	61	4	10	0	0	1	9	0	0	1	8	0	2	16	2	.164	.213	.278
山足 達也	28	64	61	3	10	0	0	1	8	0	0	0	2	0	1	12	1	.164	.246	.203
杉本 裕太郎	18	51	51	5	8	1	0	4	7	1	0	0	0	0	0	21	0	.157	.412	.157
宮崎 祐樹	15	28	23	1	3	0	0	0	0	0	0	1	2	0	1	9	0	.130	.130	.250
武田 健吾	6	9	8	0	1	0	0	0	0	0	1	0	0	0	0	1	0	.125	.125	.222
T-岡田	20	56	50	4	6	0	0	2	2	0	0	0	6	0	0	19	3	.120	.180	.214
山崎 勝己	24	8	8	0	0	0	0	0	0	0	0	0	0	0	0	5	1	.000	.000	.000
飯田 大祐	8	16	13	0	0	0	0	0	0	0	3	0	0	0	0	4	1	.000	.000	.000
太田 椋	6	16	13	1	0	0	0	0	0	0	0	0	1	0	0	7	0	.000	.000	.188
チーム計	143	5391	4774	544	1153	181	22	102	516	122	101	33	417	17	66	1030	85	.242	.353	.309

■交流戦勝敗表

チーム	試合	勝利	敗北	引分	勝率	ホーム	ロード	対東北楽天	対千葉ロッテ	対横浜DeNA	対巨人	対東京ヤクルト	対埼玉西武	対北海道日本ハム
オリックス	7	4	2	1	.667	2勝1敗1分	2勝1敗	3勝1分	—	—	—	1勝1敗	—	—
阪神	7	4	3	0	.571	2勝0敗	2勝3敗	—	—	—	2勝1敗	0勝2敗	—	2勝0敗
福岡ソフトバンク	2	0	1	1	.000	0勝1敗1分	—	—	—	—	0勝1敗1分	—	—	—
中日	2	0	1	1	.000	—	0勝1敗1分	—	—	—	0勝1敗1分	—	—	—

■個人打撃成績表 ※一規定打席=316打席以上

選手	試合	打席	打数	得点	安打	二塁打	三塁打	本塁打	打点	盗塁	犠打	犠飛	四球	故意四球	死球	三振	併殺	打率	長打率	出塁率
根本 薫	117	416	371	41	85	17	0	0	19	21	2	3	36	0	4	107	12	.229	.275	.302
宜保 翔	111	417	375	29	85	11	2	0	20	13	6	1	34	0	1	89	9	.227	.267	.292
大城 滉二	1	3	3	0	2	2	0	0	2	0	0	0	0	0	0	0	0	.667	1.333	.667
ロメロ	4	10	6	3	3	0	0	2	6	0	0	1	3	0	0	2	0	.500	1.500	.600
若月 健矢	2	8	8	0	4	0	0	0	1	0	0	0	0	0	0	0	0	.500	.500	.500
山崎 勝己	6	7	6	0	2	0	0	0	0	0	1	0	0	0	0	2	0	.333	.333	.333
松井 佑介	13	41	38	4	12	3	0	2	7	0	0	1	2	0	0	8	1	.316	.553	.341
モヤ	56	218	203	26	64	9	0	12	38	0	0	2	11	0	2	43	3	.315	.537	.353
西野 真弘	47	159	138	19	43	4	2	0	10	2	1	2	18	0	0	15	3	.312	.370	.399
白崎 浩之	39	111	96	12	29	0	2	3	16	5	0	0	13	0	2	18	2	.302	.438	.396
中川 圭太	22	94	82	10	24	5	1	2	17	8	0	1	10	0	1	13	0	.293	.451	.372
佐野 皓大	21	90	84	14	24	3	1	1	8	9	0	0	5	0	1	21	1	.286	.381	.333
杉本 裕太郎	78	278	249	30	69	14	3	14	44	8	0	0	24	1	5	68	12	.277	.498	.353
頓宮 裕真	26	94	80	11	22	5	1	3	11	0	0	1	11	1	2	9	2	.275	.475	.372
宗 佑磨	48	177	154	20	41	4	2	1	25	8	1	3	19	0	0	31	5	.266	.338	.341
西浦 颯大	43	170	144	23	38	3	1	0	15	8	4	0	23	0	1	28	1	.264	.299	.361
太田 椋	64	263	233	39	60	14	2	6	21	4	0	0	27	0	3	55	6	.258	.412	.331
マレーロ	24	80	71	10	18	3	0	5	16	0	0	0	8	0	0	16	1	.254	.507	.325
伏見 寅威	2	8	8	1	2	1	0	0	0	0	0	0	0	0	0	3	0	.250	.375	.250
西村 凌	76	243	217	24	51	9	4	3	17	3	3	2	19	0	2	35	7	.235	.355	.300
山足 達也	58	201	179	18	42	8	1	3	24	5	6	1	14	0	1	22	5	.235	.341	.292
稲富 宏樹	80	222	203	14	47	8	0	0	7	1	6	2	0	0	3	29	7	.232	.271	.278
岡崎 大輔	75	127	118	12	27	3	2	0	10	1	6	0	3	0	0	29	2	.229	.288	.248
福田 周平	5	21	18	1	4	0	0	0	1	0	0	0	1	0	0	3	0	.222	.222	.333
T-岡田	34	118	99	8	21	5	0	3	13	1	0	1	18	1	1	35	4	.212	.354	.331
宮崎 祐樹	45	90	83	6	17	2	0	0	6	1	0	0	3	0	2	14	1	.205	.337	.267
フェリス	16	54	44	6	8	1	0	1	5	0	0	0	9	0	1	14	0	.182	.273	.217
安達 了一	16	54	44	6	8	1	0	1	5	0	0	0	9	0	1	11	0	.182	.273	.333
後藤 駿太	19	56	51	1	9	2	0	0	7	1	1	0	3	0	1	10	0	.176	.255	.232
武田 健吾	41	61	55	6	9	2	0	0	2	5	0	0	4	0	2	7	1	.164	.255	.246
比屋根 彰人	64	147	139	9	22	4	0	3	16	0	0	0	7	0	1	55	3	.158	.266	.204
廣澤 伸哉	90	182	153	19	24	4	0	0	6	5	12	0	14	0	3	35	1	.157	.183	.241
飯田 大祐	53	121	102	9	16	4	0	0	9	4	7	0	12	0	0	25	4	.157	.216	.246
松井 雅人	16	37	35	3	5	2	0	0	2	0	0	0	1	0	0	7	3	.143	.200	.189
髙城 俊人	25	33	30	2	3	0	0	0	1	0	1	0	1	0	1	9	0	.100	.100	.182
小田 裕也	8	24	22	1	2	0	0	0	2	0	0	0	2	0	0	5	0	.091	.227	.167
鈴木 昂平	29	43	34	4	3	0	1	0	4	0	4	0	5	0	0	7	0	.088	.147	.238
小島 脩平	5	10	10	0	0	0	0	0	0	1	0	0	0	0	0	5	0	.000	.000	.200
チーム計	117	4228	3747	394	877	149	26	54	357	113	58	21	368	3	34	832	94	.234	.331	.307

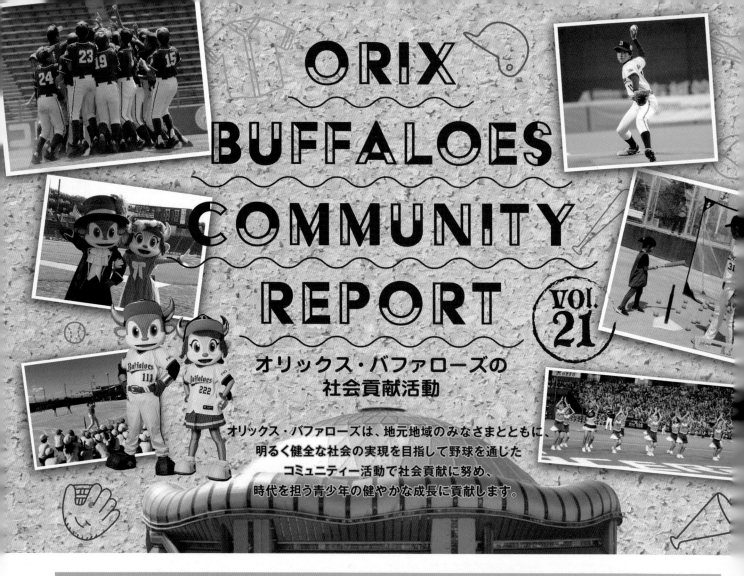

ORIX BUFFALOES COMMUNITY REPORT VOL.21

オリックス・バファローズの社会貢献活動

オリックス・バファローズは、地元地域のみなさまとともに、明るく健全な社会の実現を目指して野球を通じたコミュニティー活動で社会貢献に努め、時代を担う青少年の健やかな成長に貢献します。

小学校訪問 supported by CRTM

球団OBなどが、大阪市内の小学校を中心に「キャリア教育」「ティーボール教室」を実施しています。
「キャリア教育」は、5・6年生を対象として「将来に向けて夢をもつこと」「夢に向かって努力すること」「困難を乗り越える強い心」「友達・仲間の大切さ」「周囲の方への感謝の気持ちを持つこと」など、これまでプロスポーツ選手として培ったキャリアを生かしたお話をさせていただきます。
また、1～4年生を対象に、体育授業の中で「ティーボール教室」を実施し、「ルールを守ってみんなで楽しくスポーツすること」を体験いただき、青少年の健やかな育成の一助となるよう取り組ませていただいています。

地域とのふれあい

バファローズのマスコット「バファローブル」と「バファローベル」、ダンス＆ヴォーカルユニット「BsGirls」がみなさまの街の様々なイベントやコミュニティ活動に参加しました。
バファローズの選手たちもシーズンオフを中心に施設訪問やトークショー、サイン会、野球教室とさまざまな活動をしています。
今後もチームを支えてくださっているファンのみなさまをはじめ、たくさんの方々と身近に「ふれあう」機会を大切にし、未来ある子どもたちには「夢」や「感動」を感じていただけるよう積極的に取り組み、みなさまとともに歩む社会の形成を目指します。

球団OBコーチによる野球教室

　各開催地域に球団OBが直接指導にあたりました。これから野球を始めようとしている子どもたちを対象とした「親子ティーボール教室」や、「少年少女軟式野球教室」を実施いたしました。また、指導者、ご父兄の方には「傷害予防」「食育講習会」なども実施し、これらの活動を通じて「生涯にわたり健康な体づくり」「野球愛好者の拡大」等を目的に、野球振興事業として開催しています。

オリックス・バファローズ少年少女野球教室コーチ

5　弓岡 敬二郎（ゆみおかけいじろう）
23　小川 博文（おがわひろふみ）
31　塩崎 真（しおざきまこと）
35　大久保 勝信（おおくぼまさのぶ）
44　岩橋 慶侍（いわはしけいじ）

オリックス・バファローズ少年少女野球教室トレーニングコーチ

小澤 聡（おざわさとし）

OBコーチ	
村上 員一（むらかみしんいち）内・外野手	近澤 昌志（ちかざわまさし）捕手
吉川 勝成（よしかわかつなり）投手	寛裕 次郎（かけいゆうじろう）内野手
宮本 大輔（みやもとだいすけ）投手	中谷 忠己（なかたにただみ）内・外野手
岡田 幸喜（おかだこうき）捕手	平下 晃司（ひらしたこうじ）外野手
藤原 清景（ふじわらきよかげ）捕手	井戸 伸年（いどのぶとし）外野手
藤本 博史（ふじもとひろし）捕手	大西 宏明（おおにしひろあき）外野手

少年少女野球大会

フィールドフォースpresents第16回 オリックス・バファローズCUP 2019少年少女軟式野球大会

　大阪大会、兵庫大会を勝ち抜いた16チームに加え、滋賀県代表「浅井レイカーズ」「矢倉ブルースター」京都府代表「北白川ベアーズ」「修斉野球クラブ」奈良県代表「吉田ヴィクトリー」「内牧ファイターズ」の22チームにて7月28日よりスタートいたしました。そして、「猪名川ヤンキース」「新家スターズ」が勝ち上がり、9月22日京セラドーム大阪にて決勝戦が行われ、「猪名川ヤンキース」がフィールドフォースpresents 第16回オリックス・バファローズCUP 2019の頂点に立ちました。

優勝 猪名川ヤンキース

準優勝 新家スターズ

NPB12球団ジュニアトーナメント2019　supported by 日能研

　この大会は、2005年より日本野球機構とプロ野球12球団が連携し、プロ野球界でプレーする目標を身近に感じることができるようにという考えのもと始まりました。各球団は、5～6年生を対象とした「ジュニアチーム」を結成して大会に出場します。オリックス・バファローズジュニアチームは、フィールドフォースpresents オリックス・バファローズCUP 2019少年少女軟式野球大会参加チーム選手に選抜資格があり、252チーム3000人近くの選手の中から男女含む16人で出場しましたが、予選リーグ1勝1敗という結果で決勝トーナメント進出はなりませんでした。この大会は、オリックス・バファローズCUP 少年少女軟式野球大会に出場する選手にとって憧れの大会となっています。

ザバスpresents第14回オリックス・バファローズCUP 2019少年硬式野球大会

　8月11日、ほっともっとフィールド神戸での開会式を皮切りに、ボーイズリーグ、ヤングリーグ、リトルシニア関西連盟から各6チーム、全18チームが参加し、トーナメント大会を開催いたしました。8月17日のほっともっとフィールド神戸での決勝戦は、リトルシニア関西連盟代表の「大阪交野リトルシニア」ヤングリーグ代表「兵庫加古川ヤング」にて行われ、熱戦の末「大阪交野リトルシニア」が優勝いたしました。

優勝 大阪交野リトルシニア

準優勝 兵庫加古川ヤング

オリックス・バファローズキッズチアダンスアカデミー

　オリックス・バファローズが主催運営するキッズチアダンススクールです。「元気・笑顔・思いやり」をモットーに日々レッスンに励んでいます。レッスンではチアダンスに必要な基礎技術に加え、応援することや踊ることの楽しさ、仲間とともに目標に向かって努力することの大切さを学びます。
　バファローズの主催試合で行われる広いグラウンドでの発表会は、野球選手を応援するチアチームならでは!!ぜひ、彼女たちのダンスにご注目ください。

2019 FALL
TRAINING
SHOT

129

2020 SPRING
TRAINING SHOT

私たちNPBパートナーはプロ野球を応援します

Calbee　KONAMI　大正製薬　日本生命
NISSAY

マイナビ　SMBC　LAWSON

一般社団法人 日本野球機構　http://npb.jp

【発行】
オリックス野球クラブ株式会社

【発行日】
2020年4月1日

【発行所】
オリックス野球クラブ株式会社
大阪府大阪市西区千代崎3-北2-30

【発売】
メタ・ブレーン
〒150-0022
東京都渋谷区恵比寿南3-10-14-214

【制作】
ベースボール・タイムズ編集部

【編集】
大槻 美佳
松野 友克
三和 直樹
渡邊 幸恵

【取材・原稿】
大前 一樹

【写真】
松村 真行
金田 秀則
花田 裕次郎
山本 拓未
峯山 導雄
村本 万太郎

【デザイン】
武井 一馬
藤井 由佳
松田 恭典

【印刷】
凸版印刷株式会社

ORIX BUFFALOES THE PERFECT GUIDE 2020

実学教育90年、大学教育70年の伝統

大阪商業大学
Osaka University of Commerce

挑戦

TAISUKE
KONDOH

近藤 大亮 投手
大阪商業大学 2013年度卒業

大阪商業大学　大商大高校　大商大堺高校

大阪緑涼高校　神戸芸術工科大学　大阪商業大学

©ORIX Buffaloes

学校法人
谷岡学園
TANIOKA GAKUEN EDUCATIONAL FOUNDATION

大 阪 商 業 大 学　　　　神 戸 芸 術 工 科 大 学

大阪商業大学高等学校　　大阪商業大学堺高等学校

大阪商業大学附属幼稚園　　大 阪 緑 涼 高 等 学 校

ORIX BUFFALOES PLAYERS LIST 2020

監督 MANAGER

西村 徳文 77
1960年1月9日(60歳)
177cm・78kg／右・両

投手 PITCHER

山﨑 福也 11
1992年9月9日(28歳)
188cm・97kg／左・左

宮城 大弥 13
2001年8月25日(19歳)
171cm・83kg／左・左

吉田 一将 14
1989年9月24日(31歳)
191cm・95kg／右・右

荒西 祐大 15
1992年8月25日(28歳)
178cm・88kg／右・右

増井 浩俊 17
1984年6月26日(36歳)
181cm・77kg／右・右

山本 由伸 18
1998年8月17日(22歳)
178cm・80kg／右・右

山岡 泰輔 19
1995年9月22日(25歳)
172cm・68kg／右・左

近藤 大亮 20
1991年5月29日(29歳)
177cm・77kg／右・右

竹安 大知 21
1994年9月27日(26歳)
183cm・83kg／右・右

村西 良太 22
1997年6月6日(23歳)
174cm・76kg／右・右

東明 大貴 26
1989年6月15日(31歳)
177cm・77kg／右・右

アルバース 27
1985年10月6日(35歳)
185cm・91kg／右・左

富山 凌雅 28
1997年5月3日(23歳)
178cm・84kg／左・左

田嶋 大樹 29
1996年8月3日(24歳)
182cm・80kg／右・左

K-鈴木 30
1994年1月21日(26歳)
186cm・88kg／右・右

ディクソン 32
1984年11月3日(36歳)
195cm・84kg／右・右

比嘉 幹貴 35
1982年12月7日(38歳)
177cm・77kg／右・右

小林 慶祐 39
1992年11月2日(28歳)
187cm・82kg／右・右

前 佑囲斗 43
2001年8月13日(19歳)
184cm・88kg／右・右

本田 仁海 46
1999年7月27日(21歳)
181cm・74kg／右・右

海田 智行 47
1987年9月2日(33歳)
179cm・81kg／左・左

齋藤 綱記 48
1996年12月18日(24歳)
182cm・89kg／左・左

澤田 圭佑 49
1994年4月27日(26歳)
178cm・96kg／右・右

ヒギンス 52
1991年4月22日(29歳)
190cm・97kg／右・左

山田 修義 57
1991年9月19日(29歳)
184cm・90kg／左・左

金田 和之 58
1990年9月18日(30歳)
184cm・86kg／右・右

左澤 優 60
1994年12月28日(26歳)
171cm・75kg／右・左

榊原 翼 61
1998年8月25日(22歳)
180cm・90kg／右・右

漆原 大晟 65
1996年9月10日(24歳)
182cm・85kg／右・左

吉田 凌 66
1997年6月20日(23歳)
181cm・78kg／右・右

鈴木 優 68
1997年2月5日(23歳)
181cm・83kg／右・右

神戸 文也 95
1994年5月9日(26歳)
182cm・85kg／右・右

張 奕 98
1994年2月26日(26歳)
182cm・86kg／右・右

黒木 優太 124
1994年8月16日(26歳)
179cm・85kg／右・右

東 晃平 128
1999年12月14日(21歳)
178cm・83kg／右・右

山﨑 颯一郎 135
1998年6月15日(22歳)
190cm・90kg／右・右

佐藤 一磨 001
2001年4月16日(19歳)
189cm・89kg／左・左

谷岡 楓太 002
2001年8月29日(19歳)
176cm・82kg／右・右

中田 惟斗 003
2001年9月13日(19歳)
181cm・90kg／右・右

松山 真之 008
2000年8月18日(20歳)
174cm・76kg／右・右

捕手 CATCHER

伏見 寅威 23
1990年5月12日(30歳)
182cm・88kg／右・右

松井 雅人 33
1987年11月19日(33歳)
179cm・81kg／右・左

若月 健矢 37
1995年10月4日(25歳)
179cm・90kg／右・右

頓宮 裕真 44
1996年11月17日(24歳)
182cm・103kg／右・右

飯田 大祐 45
1990年9月19日(30歳)
181cm・85kg／右・右

山﨑 勝己 62
1982年8月16日(38歳)
180cm・88kg／右・右

稲富 宏樹 123
1999年4月27日(21歳)
178cm・83kg／右・左

フェリペ 130
1999年9月4日(21歳)
176cm・76kg／右・左

鶴見 凌也 005
2001年11月22日(19歳)
174cm・75kg／右・左

内野手 INFIELDER

勝俣 翔貴 0
1997年7月20日(23歳)
178cm・84kg／右・左

白崎 浩之 2
1990年8月20日(30歳)
184cm・90kg／右・右

安達 了一 4
1988年1月7日(32歳)
179cm・78kg／右・右

福田 周平 5
1992年8月8日(28歳)
167cm・69kg／右・左

西野 真弘 6
1990年8月2日(30歳)
167cm・71kg／右・左

大城 滉二 9
1993年6月14日(27歳)
175cm・82kg／右・右

紅林 弘太郎 24
2002年2月7日(18歳)
186cm・90kg／右・右

太田 椋 31
2001年2月14日(19歳)
181cm・81kg／右・右

山足 達也 36
1993年10月26日(27歳)
176cm・76kg／右・右

小島 脩平 38
1987年6月5日(33歳)
177cm・78kg／右・左

ロドリゲス 42
1991年11月18日(29歳)
191cm・95kg／右・右

宜保 翔 53
2000年11月26日(20歳)
175cm・72kg／右・左

廣澤 伸哉 64
1999年8月11日(21歳)
175cm・74kg／右・右

中川 圭太 67
1996年4月12日(24歳)
180cm・76kg／右・右

岡﨑 大輔 120
1998年9月17日(22歳)
180cm・76kg／右・右

比屋根 彰人 129
1999年8月25日(21歳)
180cm・96kg／右・右

外野手 OUTFIELDER

西浦 颯大 00
1999年5月21日(21歳)
178cm・73kg／右・左

モヤ 1
1991年8月9日(29歳)
201cm・117kg／右・右

宗 佑磨 6
1996年6月7日(24歳)
181cm・83kg／右・左

後藤 駿太 8
1993年3月5日(27歳)
180cm・78kg／右・右

ジョーンズ 10
1985年8月1日(35歳)
188cm・98kg／右・右

西村 凌 25
1996年2月21日(24歳)
178cm・90kg／右・左

吉田 正尚 34
1993年7月15日(27歳)
173cm・85kg／右・左

佐野 皓大 41
1996年9月2日(24歳)
182cm・75kg／右・右

小田 裕也 50
1989年11月4日(31歳)
172cm・75kg／右・左

T-岡田 55
1988年2月9日(32歳)
187cm・100kg／左・左

松井 佑介 56
1987年7月10日(33歳)
185cm・87kg／右・右

根本 薫 59
1998年7月29日(22歳)
185cm・88kg／右・左

杉本 裕太郎 99
1991年4月5日(29歳)
190cm・102kg／右・右

平野 大和 004
2001年8月7日(19歳)
177cm・82kg／右・左

大下 誠一郎 006
1997年11月3日(23歳)
171cm・89kg／右・右

佐藤 優吾 007
1997年4月2日(23歳)
182cm・90kg／右・右

バファローブル 111
2011年1月8日

バファローベル 222
2011年1月8日